*Studien des Instituts
für Elementar-Psychologie
und optimales Verhalten*

*Herausgegeben von
Dr. med. Fritz Wiedemann*

Fritz Wiedemann

Die große Freiheit

*Leistungsgesellschaft
ohne Neid und Klassenhaß*

Seewald Verlag
Stuttgart

Alle Rechte vorbehalten.
© Seewald Verlag Dr. Heinrich Seewald, Stuttgart-Degerloch 1974. Umschlag von Hela Seewald. Gesetzt in der Linotype Aldus-Antiqua. Gesamtherstellung: Buchdruckerei Wilhelm Röck, Weinsberg.
ISBN 3 512 00355 9. Printed in Germany

Inhalt

Die große Freiheit

Wie eine optimale Freiheit verwirklicht werden kann	7
Freiheit durch Differenzierung	9
Freiheit und Ordnung	12
Haß, Mißverständnisse, Intoleranz	13
Freiheit contra Leistung	15
Die sowjetische Einstellung zu Freiheit und Leistung	16
Schluß mit dem Arbeitszwang!	17
Statt Klassenkampf: Wunschklassen	19
Toleranz der Klassen und Gruppen ist möglich	23
Die Überwindung des Neides	25
Ungerechtigkeit und Minderwertigkeitsgefühl	29
Gleichschalten und Intoleranz	35
Vorbild-Demokratie statt Kritik-Demokratie	37
Geteilte Staaten	38
Törichte Großexperimente	41
Kastengeist und Klassenhaß	44
Frustrierende Miesmacherei	46
Freiheit und Strafe	49
Die Grenzen der Freiheit	51
Das Wesen der inneren Freiheit	54
Die geistige Evolution	56

Bekenntnis zur Demokratie 59
Zusammenfassung 63

Leistungsgesellschaft ohne Neid und Klassenhaß

Noch ist unsere Gesellschaft eine der besten 65
Das Leistungsprinzip 68
Freiheit contra Wohlstand 71
Das Wirtschaftswunder-Rezept 74
Gerechtigkeit ist sofort möglich 76
Suggestion Ausbeutung 78
Beispiel eines Kapitalisten 80
Die Inflation als Instrument der Sozialisierung 83
Lähmende Mitbestimmung 85
Nachwort 87

Die große Freiheit

*Wie eine optimale Freiheit
verwirklicht werden kann*

Die Jugend, alle Menschen, alle Völker fordern: Freiheit!
 Die westlichen Demokratien bezeichnen ihr System stolz als »freiheitliche Ordnung«. Sie setzen diese staatliche, wirtschaftliche und gesellschaftliche Grundordnung der des Ostens, dem Sozialismus, entgegen.
 Obwohl in den meisten westlichen Staaten »Freiheit« weitgehend verwirklicht wurde, ist ein großer Teil unserer Jugend noch recht unzufrieden. Man revoltiert, will »das System« und die Gesellschaft verändern, fordert Reformen, weil man glaubt, daß der Kapitalismus, das Bürgertum, die ältere Generation, die Hochschulen, alle Arbeitgeber, Vorgesetzten und Autoritäten, die Leistungsgesellschaft und das Leistungsprinzip die ersehnte »große Freiheit« und gewünschte freie Entfaltung der Persönlichkeit verhindern (frustrieren).
 Das in dieser Studie dargestellte Modell einer neuen Gesellschaft verheißt der Jugend noch mehr Freiheit, noch mehr freie Entfaltung, als sie dies heute wünscht, fordert und überhaupt für möglich hält. Die Studie will zeigen, wie eine größtmögliche (optimale) Freiheit für alle verwirklicht werden kann.
 Auf der Grundlage der heutigen biologischen und psychologischen Erkenntnisse, vor allem der Verhaltensforschung und der Elementar-Psychologie, lernen wir begreifen, daß optimale Freiheit nicht durch Sozialisierung und Gleichmacherei verwirklicht wird, sondern daß gerade diese der größte Feind der Freiheit sind. Wir sehen, daß sie nur durch eine Differenzierung der Menschen, eine Anerkennung ihrer Ungleichheit, durch Auslese und Gruppenbildungen nach Begabung und Wünschen, sowie durch allgemeine Toleranz und Nichtdiskriminierung

einer anderen Gruppe erreicht werden kann. Wir sehen, daß Freiheit auch Freiheit zur Leistung ist, und daß Freiheiten nur durch eigene Leistungen oder die anderer erfüllt werden können.

Am häufigsten werden Freiheiten durch die menschliche Dummheit beschränkt. Freiheit allein gibt es nicht. Es gibt nur eine Freiheit für etwas, für die Erfüllung menschlicher Wünsche, die ihren Ursprung in elementaren menschlichen Bedürfnissen haben. Wer optimale Freiheit für sich selbst und andere schaffen will, muß untersuchen, für welche Wunscherfüllungen er sie schaffen will und wie dann die Wünsche auch optimal erfüllt werden können.

Solche Untersuchungen wurden, merkwürdigerweise, bisher kaum systematisch angestellt. Man verbreitet nur Freiheits-Parolen und sagt nicht dazu, was man damit genau meint und ob mit dem, was man fordert, auch wirklich Freiheit für etwas Vernünftiges erreicht werden kann.

Es gibt Freiheiten, die fast unbegrenzt genützt werden können. Denken wir an den Genuß der Natur oder Kunst, an die Freiheit der Meinungsäußerung oder Wissen zu erwerben! Andere Freiheiten sind begrenzt. So darf man nicht frei in der Wohnung oder im Garten anderer Menschen spazierengehen oder während der Arbeitszeit Fußball spielen. Das ist an sich selbstverständlich. Doch weil diese Binsenweisheit nicht beachtet wird, wird manche geforderte Freiheit zur Utopie.

Man muß auch untersuchen, welche Freiheiten zur Verfügung stehen und ohne Schaden für andere vergrößert werden können. Dabei läßt sich rasch herausfinden, daß sehr viel mögliche Freiheit ungenutzt bleibt, während man andere vermeintliche Freiheiten sucht, die nicht ohne Schaden für andere in Anspruch genommen werden können. Wenn man grundsätzlich bereit ist, jedem Bürger eine optimale Freiheit zu gewähren, dann sollte man exakt und umfassend erkunden, wo diese noch ohne Notwendigkeit beschränkt wird und wo und wie sie erweitert werden kann, damit jeder ein größtmögliches Quantum dieses Gutes erhält.

Wir brauchen eine Schule der Freiheit; denn auch die Freiheit will kultiviert sein. Je kultivierter sie ist, desto besser kann man sie genießen.

Der Jugend, die vor allem nach mehr Freiheit ruft, legen wir nahe, Freiheit in vielerlei Hinsicht zu entdecken, zu erweitern und damit zu verwirklichen. Diese Studie will dazu einige Anregungen geben.

Freiheit durch Differenzierung

Die ersehnte Freiheit bedeutet in erster Linie Entfaltung der Persönlichkeit, Entfaltung vorhandener Begabungen und Freiheit zur Erfüllung persönlicher Wünsche.

Diese Freiheiten werden durch Differenzierung erreicht. Sie aber erfordert Anerkennung und Achtung der Ungleichheit der einzelnen Menschen, ihrer Begabungen, Leistungen und Wünsche. Differenzierung ist Spezialisierung. Je mehr verschiedene Lebens- und Verhaltensarten es gibt, desto mehr Wahlmöglichkeiten und damit Freiheiten stehen dem einzelnen offen. Freiheit ist immer, auf allen Gebieten des Lebens, Wahlmöglichkeit.

Der größte Feind der individuellen Freiheit ist jedes Gleichmachenwollen, jedes Hineinzwingenwollen aller in ein System, einen Glauben, eine Lebens- und Verhaltensweise. Das muß für die meisten Menschen zu Zwang, Unfreiheit, zur Frustration führen.

Doch der Differenzierung und Verschiedenheit sind Grenzen gesetzt. Es gibt nicht Millionen verschiedene Möglichkeiten zu leben, sondern nur einige hundert oder tausend, vor allem dann, wenn es optimale und kultivierte Möglichkeiten sein sollen. Nehmen wir als Beispiel eine Sportart, in der man auch einen Teil seiner individuellen Freiheit ausleben kann. Es gibt viele Sportarten, doch nicht beliebig viele. Denken wir an die Ballspiele. Fußball, Baseball, Tennis, Golf und noch einige haben sich in Jahrhunderten entwickelt und vervollkommnet. Würden noch viel mehr Ballspiele erfunden oder würde gar jeder für sich ein eigenes, individuelles Ballspiel erfinden und spielen wollen, wäre das kein Fortschritt und kein sportliches Vergnügen mehr, sondern ein unerfreuliches und für alle unbefriedigendes Chaos.

Solche Grenzen der Differenzierung sind auch Gesellschafts-Systemen gesetzt. Es kann nicht beliebig viele Systeme geben. Die Evolution bildet nur eine bestimmte Anzahl heraus. Genauso verhält es sich mit der Entwicklung der Tierarten. War eine Art optimal gestaltet, blieb sie, oft sogar Millionen Jahre, sich gleich. Jacques Monod beschrieb dieses Gesetz in seinem Buch »Zufall und Notwendigkeit«[1].

Die Entwicklung, die Kultivierung und ein sinnvolles Ausleben einer Lebensart ist nur durch und in Gruppen möglich. Das gilt nicht nur für Gesellschafts-Systeme und Berufe, sondern auch für fast alle Arten der Bedürfnisbefriedigung und Wunscherfüllung. Wer Feinschmecker, Jazzfan, Arzt, Automechaniker, Bergsteiger sein will oder irgend etwas anderes für seine Arbeit und Freizeit wählt, ist auf die Erfahrungen, Erfindungen und Vorarbeiten einer Gruppe von Menschen angewiesen, die das Gewünschte kultiviert haben.

Man kann den Wunsch haben, ein guter Tennisspieler zu sein oder auch nur einen kleinen Teil seiner Freizeit mit Tennisspielen zu verbringen. Das Tennisspiel ist ein seit Jahrhunderten kultiviertes Vergnügen. Wer sich dieses wählt, hat den Vorteil, an all dem teilzuhaben, was frühere Spieler an ihm entwickelt haben. Tritt er in einen Tennisclub ein, steht ihm sogleich ein gepflegter Tennisplatz zur Verfügung, und er findet Spielpartner. Es wäre weit weniger vorteilhaft, wenn jeder ein eigenes Tennisspiel erfinden würde, sich einen neuen jeweils verschiedenen Ballspielplatz dazu anlegen und Partner erst suchen müßte. Tennisspielen erfüllt einige elementare Bedürfnisse, zum Beispiel des Bewegungsdrangs, des spielerischen Wettbewerbs, der Geselligkeit, der Kurzweil, der Gesundheit und der körperlichen Stärkung. Wer kann das schon alles erreichen, der erst ein eigenes Spiel erfinden müßte?

Differenzierung (Spezialisierung) und Gruppenbildung sind sowohl für eine optimale individuelle Freiheit als auch für jede Weiterentwicklung der Menschheit und ihrer Kultur, für jede Leistung und jeden guten Lebensgenuß notwendig. Nur so entwickelt sich die Gesellschaft weiter, nämlich durch Auslese und Neubildungen parallel zur biologischen Evolution.

Ein weiteres Beispiel bietet der moderne Tourismus. Reisebüros bereiten hier Gruppen für bestimmte Wunscherfüllung vor. Man hat die Freiheit, sich einer Wunschgruppe anzuschließen, d. h. zwischen Badeferien, Jugendclub, Fischen, Reiten, Fotosafaris, Studienreisen oder völlig ungebundenen Reisen zu wählen.

In einer Gruppe findet jeder am ehesten gemäße Partner, ja vielleicht sogar ein Vorbild und dazu noch eine optimale Möglichkeit, das zu tun, was er will, eine Anleitung, ja überhaupt erst einen Hinweis auf vorhandene Vergnügen, und vieles mehr. Voraussetzung für die Freiheit ist selbstverständlich, daß jeder seine Gruppe frei wählen kann, also in keine hineingezwungen wird, und daß er sie jederzeit wieder verlassen kann.

Wer Freikörperkultur liebt, sucht einen FKK-Strand auf, findet seinesgleichen, erfüllt sich seinen Wunsch, nackt in der Natur zu wandern, hat die Freiheit, die er wünscht und die ihm anderswo nicht gewährt ist.

In Wunschgruppen können sowohl Fetische oder Idole verehrt als sogar pervers erscheinende, d. h. abartige und seltene Wünsche Erfüllung finden. Es gibt keine Grenzen, solange die Erfüllung der Wünsche nicht anderen schadet. Nach weitverbreiteter Auffassung ist ein liberaler Staat nicht berechtigt, Moralgesetze zu schaffen oder etwas zu verbieten, was niemandem von Nachteil oder Schaden ist.

Unser Grundgesetz hat die Voraussetzung für eine solche freie Entwicklung geschaffen. Die große Freiheit besteht in einer breiten Wahlmöglichkeit und in der Qualität dessen, was man wählen kann.

Sich einer Gruppe anschließen, heißt keineswegs, daß sich jeder einem Verein anschließen muß. Es bedeutet nur, daß er die Erfahrungen, Vorteile und Vorbereitungen nutzt, die er bei Gleichgesinnten finden kann. Kultiviertes Leben setzt immer Vorarbeiten voraus. Das gilt selbst für den, der ein einfaches, naturverbundenes Leben wählen will.

Differenzierung, Gruppenbildung und Eingliederung der einzelnen in eine oder mehrere Gruppen vermehrt die Möglichkeiten zur Entfaltung der Persönlichkeit.

Freiheit und Ordnung

Freiheit setzt, wie in einem späteren Kapitel noch dargestellt wird, ein Wissen über die vorhandenen Möglichkeiten und über alles voraus, was einen bei dem Gewählten erwartet.

Beispiel einer Unfreiheit durch Unwissen mag ein ehemaliger französischer Fremdenlegionär sein. Er wählte ein von ihm vermutetes freies Abenteurerleben und wollte aus der Enge seiner Familie und eines ungeliebten Berufes fliehen. Doch weil er nicht wußte, was ihn wirklich erwartete, tauschte er für viele Jahre viel mehr Unfreiheit ein.

Die Massenmedien könnten sehr viel für die große Freiheit einfach dadurch tun, daß sie vor allem jungen Menschen zeigen, wieviele und welche Möglichkeiten jeder im Berufsleben und Freizeitleben hat. Sie müßten genau und ausführlich schildern, wie diese Möglichkeiten aussehen und wie das, was sie versprechen, auch erreicht werden kann.

Eine solche Mitarbeit der Massenmedien wäre positiver und dazu für die Leser interessanter als die stereotype Schilderung schlimmer und verwerflicher Verhaltensweisen (Verbrechen, Morde, Unglücksfälle, Terror, Krimis, Gangstergeschichten), die dem Leser vielleicht eine halbe Stunde Langeweile nehmen, ihm dafür aber auch nichts geben.

Freiheit verlangt Ordnung. Chaoten und Nihilisten, die am meisten nach der Freiheit rufen, schaffen keine Freiheit. Ein einfaches Beispiel dazu: eine stark befahrene Straßenkreuzung. Nur die Verkehrsordnung und die Zeichen der Verkehrsampel geben allen Verkehrsteilnehmern die Freiheit der Fahrt, die sie brauchen. Der Ausfall der Verkehrsampel oder ein Ungehorsam der Autofahrer würde sofort den Verkehr zum Erliegen bringen und damit die Freiheit zur gewünschten Fahrt verhindern. Das gleiche gilt für alle Verkehrsregeln des Lebens. Je besser sie beachtet werden, desto freier können sich alle bewegen.

Die individuelle Freiheit des einzelnen muß da enden, wo sie beginnt, die Freiheit eines anderen einzuschränken. Die optimale Freiheit muß größtmögliche Freiheit für eine größtmögliche Menge von Menschen sein. Wenn eine Minderheit von Wasserskifahrern auf einem kleinen See Lärm macht, schränkt sie die Freiheit zur Erholung einer größeren Zahl von Menschen ein.

Auch hier können eine Ordnung, Verkehrsregeln, Differenzierung und Gruppenbildung in verschiedenen Revieren allen geben, was sie wollen.

Wenn wir das Heil unseres Modells in einer Gruppenbildung sehen und überhaupt in unseren Studien Modelle für eine optimale Zusammenarbeit und Verträglichkeit der Menschen darstellen wollen, so muß auch von den Verkehrsregeln zwischen den Gruppen gesprochen werden. Es muß verschiedene Verkehrsregeln für die Menschen, sei es in einem Staat oder in irgendeiner kleineren Gruppe, geben.

Eine einzige Moral, Ethik, Sitte, die bis in die letzten Lebensbereiche für alle reichen würde, würde die Freiheit erheblich beschränken. Genau dies wird heutzutage zu wenig beachtet, da man bislang von der Anerkennung der Verschiedenheit der Menschen sowie von der Notwendigkeit der Differenzierung und Gruppenbildung kaum sprach. Immer wieder versucht man daher – und tut es noch – alle in Regeln zu zwingen, die nur für eine bestimmte Gruppe gelten sollten.

Damit alle Gruppen friedlich miteinander leben können, müssen jedoch die folgenden allgemeinen Regeln eingehalten werden: Keine Gruppe und kein Einzelmensch darf anderen Gruppen oder Einzelmenschen schaden.

Keine Gruppe darf andere frustrieren (behindern, stören).

Keine Gruppe darf ungerecht behandelt werden.

Keine Gruppe darf andere diskriminieren.

Keine Gruppe darf auf Kosten einer anderen leben oder umgekehrt von einer anderen ausgebeutet werden.

Jeder muß seine Gruppe frei wählen können, d. h. keiner darf in eine Gruppe hineingezwungen werden.

Keiner darf in eine Gruppe eindringen, zu der er nicht paßt und deren Mitglieder ihn ablehnen.

Haß, Mißverständnisse, Intoleranz

Zwischen Tennisspielern und Fußballspielern gibt es keine Feindschaft; in Deutschland auch nicht mehr zwischen den Anhängern verschiedener Religionen. Ebenso können ethnische

Gruppen verschiedener Nationalität heute friedlich nebeneinander leben und ihr verschiedenartiges Brauchtum pflegen.

Wollen wir mit Hilfe der Elementar-Psychologie untersuchen, was heute Haß, Aggression und Unzufriedenheit erzeugt, so müssen wir die Vorstellungen suchen, die als »Signale« solche Emotionen hervorrufen. Die Aufgabe unseres Instituts und unserer Studien ist es vor allem, die Vorstellungswelt (das Bewußtsein) der Menschen zu analysieren und aufzudecken, welche Vorstellungen, Begriffe, Worte die Emotionen, das Wollen, Fordern und Handeln der Menschen bestimmen. Nur von der Vorstellung her kann das menschliche Verhalten beeinflußt werden. Hier ist der Ursprung aller Taten, Wünsche und auch aller Politik.

Zur Feindseligkeit und Unverträglichkeit führen vorwiegend die Emotionen Haß, Neid, Unzufriedenheit und verletzter Stolz.

Analysieren wir, welche Vorstellungen (Worte, Begriffe, Meinungen) in der Gegenwart diese Emotionen auslösen, so finden wir:
- Frustration,
- Repression,
- Ausgebeutetsein,
- Unterdrücktsein,
- Freiheitsbeschränkung,
- Ungerechtigkeit,
- Diskriminierung.

Heute werden Vorstellungen, die Haß und Unzufriedenheit auslösen, absichtlich erzeugt, und zwar durch »Bewußtseinsbildung« und durch Parolen, die sich nicht auf die Wirklichkeit beziehen.

Im zweiten Teil dieser Studie wird – ähnlich wie in unserer Studie »Weltrevolution der Vernunft«[2] – der Versuch unternommen, die heute zum Schaden aller hochgespielten falschen Vorstellungen auf das Maß zu reduzieren, das den wirklichen Gegebenheiten entspricht. Der Zweck dieser Korrektur ist: die eine friedliche Zusammenarbeit und das Zufriedensein der Menschen störenden Emotionen sollen vermindert und es soll entdeckt werden, was wirklich die Menschen frustriert, ausbeutet, unterdrückt, behindert, diskriminiert und was wirklich ungerecht ist.

Freiheit contra Leistung

Die genannte schädliche, ja bösartige Vorstellungswelt wird heute absichtlich durch aktive Bewußtseinsbildung aufgebaut; denn man will mit Haß und Aggression, mit Neid und Unzufriedenheit das vernichten, was die Bewußtseinsbildner »Kapitalismus« nennen, wir jedoch als freie Marktwirtschaft bezeichnen.

Nachdem sich zeigte, daß die Mehrzahl der Arbeiter in den westlichen Staaten mit ihrem System der sozialen Marktwirtschaft und ihren Freiheiten zufrieden und nicht gewillt ist, diese für einen östlichen Sozialismus aufzugeben, dessen Nachteile und Unfreiheiten man allzu deutlich beobachten konnte, mußten die Funktionäre der kommunistischen Weltrevolution einen neuen Trick erfinden, um Haß und Unzufriedenheit in westlichen Staaten zu erzeugen. Sie erfanden die »Repression durch das Leistungsprinzip«.

Natürlich versuchte man diese Vorstellung »wissenschaftlich« zu »beweisen« und fand im Wirrwarr Freudscher Traumdeutungen und Vermutungen »Beweise« genug, von denen heute Studenten, »Psychologen« und Intellektuelle in erschreckendem Ausmaß überwältigt werden.

Auf eine einfachere und verständliche Formel gebracht, sagen diese »Beweise« nichts anderes, als daß man seinen Sex nicht austoben kann, wenn man gerade arbeiten muß, daß man sich vom Arbeitgeber (dem Kapitalisten) frustriert fühlt, weil er nicht erlaubt, während der Arbeitszeit mit seiner Sekretärin ins Bett zu gehen, wenn man gerade Lust dazu hat.

Da viele lieber spazierengehen oder »lieben« als arbeiten, lieber ohne Prüfungen und Noten die Schulen und Hochschulen absolvieren, als sich einem Arbeits- und Lernzwang auszusetzen, kurzum: lieber faul als fleißig sind, wenn Fleiß nicht extra belohnt wird, konnte diese verführerische Leitvorstellung viele Anhänger finden.

Brachte man diese Vorstellung noch mit Karikaturen früherer Pauker, Offiziere, unnachgiebiger Väter und dummen oder antiquierten Gestalten zusammen, kleidete sie in einen psychoanalytischen, unverständlichen Wortsalat und verpackte das Ganze in eine Schachtel mit der Aufschrift »besonders progressiv«, so hatte man schon alles gewonnen. Denn nun war es nicht mehr zu durchschauen und gegenüber jeglicher Kritik tabu.

Mit diesem Trick war eine neue Form des Klassenkampfes entstanden: Jugendliche haßten ihre Eltern, Studenten haßten ihre Professoren, Arbeitnehmer haßten ihre Arbeitgeber; ein künstlicher, manipulierter Haß, der an sich sinnlos und unvernünftig war und nur den Zweck hatte, eine allgemeine Unzufriedenheit zu verbreiten. Der Erfolg dieser psychischen Manipulation: Aus deutschem Fleiß wurde Faulheit und Trödeln, aus Zuverlässigkeit Untreue, aus Pflichtgefühl und Stolz auf die Leistung eine Opposition gegen die Arbeit an sich, aus Präzisionsarbeit zunehmend Pfuscherei und Sabotage. Selbstverständlich macht die Mehrzahl der deutschen Arbeiter hier nicht mit, einfach weil ihnen das gegen den Charakter geht. Doch sie werden laufend dazu aufgerufen und aufgepeitscht, und so vermehrt sich die manipulierte Leistungsunlust und die Opposition gegen das Leistungsprinzip.

Der psychotechnische Trick bestand vor allem darin, daß man den allen Menschen innewohnenden Freiheitstrieb gegen die Leistungstriebe durch die Vorstellung aufzubringen verstand, daß die Freiheit durch das Leistungsprinzip »frustriert« werde.

Die sowjetische Einstellung zu Freiheit und Leistung

Durch den psychotechnischen Trick sollte unsere Arbeitsmoral zersetzt und damit unsere westliche Leistungs- und Wirtschaftskraft gelähmt werden. Doch während ihn Kommunisten und ihre Helfer bei den Chaoten und Nihilisten in kapitalistischen Staaten in immer neuen Aktionen anwenden, wird im Sowjetreich das genaue Gegenteil getan. Dort will man die Leistung fördern und nicht ebenfalls lähmen. Dort fordert man keine Aufhebung des Leistungsprinzips, keine Abschaffung von Prüfungen und Noten. Dort versucht man nicht, Stolz auf Leistungen und Erfolg und ähnliches lächerlich zu machen. Dort feiert man keine Saboteure, Trödler, Gangster, Rowdies, Terroristen.

Dort ist es nicht chic, Arbeitgeber und Vorgesetzte, Lehrer und Meister zu beschimpfen und mit seinem Arbeitsunwillen auch noch zu prahlen.

Wie die sowjetischen Kommunisten, ihre Ideologen und Philosophen Freiheit und Leistung werten, mögen die folgenden Sätze und Vorstellungen des russischen Philosophen Tugarinow deutlich machen:

»Entscheidend für die kommunistische Persönlichkeit ist ihr Verhältnis zur Arbeit, das dadurch charakterisiert ist, daß die Arbeit zum ersten Lebensbedürfnis, zur Gewohnheit, zur Freude, zum Hauptsinn und zum Ziel des Lebens geworden ist.«[3]

»In der Arbeit liegt das ganze Glück der Erde.«

»Freiheit ist einer unserer höchsten Werte. Im allgemeinen versteht man unter Freiheit die Möglichkeit, nach seinem Willen und seinen Absichten zu handeln. Nach Auffassung der marxistischen Philosophie ist die Freiheit der Handlungen eines Menschen beschränkt durch die Notwendigkeit, d. h. durch das Wirken der objektiven Gesetze der Natur und Gesellschaft. Da der Mensch diese Gesetze nicht aufheben kann, so ist er in seinen Handlungen nur dann frei, wenn er diese Gesetze erkennt und sie für seine Ziele ausnutzt. Die kurze Formel des marxistisch-philosophischen Freiheitsbegriffes lautet: Freiheit ist die Einsicht in die Notwendigkeit.«

»Frei ist und fühlt sich, wer selbst erreichen will, was er soll. Im Sowjetreich fühlen sich alle Menschen frei, weil sie alle, selbst in der Freizeit, für den Kommunismus arbeiten wollen.«

Schluß mit dem Arbeitszwang!

Wir wünschen und brauchen Freiheit und Leistung. Unser Modell will einen Weg zeigen, der beides zugleich möglich macht. Die große Freiheit verlangt, daß jeder nach seinem Wunsch leben kann, solange er damit anderen nicht schadet.

Die zur großen Freiheit notwendige Differenzierung und Auslese benötigt Leistungsgruppen. Jedem sollte es nach diesem Modell freistehen, welcher Leistungsgruppe er sich eingliedern will. Das ist keineswegs utopisch, sondern leicht realisierbar.

Es ist unvernünftig und »unmenschlich« alle Menschen eines Staates entweder einem harten Arbeitszwang auszusetzen oder alle zu zwingen, wenig oder eine Normzeit mit zunehmendem Normtrödeln und geringem Normverdienst zu arbeiten. Arbeit bedeutet eine erhebliche, jedoch notwendige Freiheitsbeschränkung. Gelingt es, Art und Zeit der Arbeit frei wählen zu lassen, so fällt die Vorstellung der Unfreiheit weg; denn jeder wählt, will, wünscht seine spätere Notwendigkeit selbst. Frei fühlt sich, wer selbst will, was er soll.

Es gibt heute eine freie Berufswahl sowie die Möglichkeit, seinen Beruf zu ändern oder seinen Arbeitsplatz zu wechseln. Man beginnt gleitende, dabei frei wählbare Arbeitszeiten und auch Teilarbeitszeiten einzuführen. Damit ist man bereits auf dem Weg, mehr Wahlmöglichkeiten für alle zu schaffen.

Unser Wirtschafts-System und unsere hochentwickelte Technik erlauben es uns bereits, daß sich nur ein Teil der Bevölkerung an Hochleistungen beteiligt. Da sehr viele Frauen berufstätig sind (was früher nicht der Fall war und in vielen anderen Staaten nicht oder nicht in diesem Ausmaße der Fall ist), kann sich schon aus diesem Grund eine Anzahl von Männern von Hochleistungen ausschließen. Ein Zwang zu Hochleistungen ist also unnötig geworden.

Mit zehn Wochenstunden kann heute eine Einzelperson das Existenzminimum erreichen. Wer eine Familie gründen oder Auto fahren will, zwingt sich selbst, mehr als dieses Minimum zu leisten. Er beschränkt seine Freiheit durch eigene Wahl selbst. Darauf kommt es an. Man muß die Freiheit der Wahl für jedermann sichtbar machen.

Freiheit wird heutzutage vor allem durch den Bürokratismus eingeschränkt, nicht durch den bösen Willen von »Kapitalisten«, die unterdrücken, frustrieren und ausbeuten wollen, wie immer wieder gepredigt wird. In sozialistischen Staaten gibt es nicht mehr, sondern viel weniger Freiheit. Bei uns verhindern vor allem die Tarifbestimmungen eine freie Arbeitswahl.

Es ist selbstverständlich, daß in einem Betrieb nicht jeder kommen kann, wann er gerade mag. Das würde eine geordnete Arbeit unmöglich machen. Aus diesem Grund ist es auch hier notwendig, Gruppen zu bilden, Gruppen mit verschiedenem Arbeitstempo und verschiedener Arbeitszeit. Wenn jeder seine

Gruppe frei wählen kann, ist wieder mehr Freiheit gegeben. Innerhalb einer Gruppe muß gleichmäßige Ordnung sein. Werden solche verschiedenen Gruppen nicht gebildet, so fühlen sich die einen vom Leistungszwang frustriert, die anderen fühlen ihren Leistungstrieb, ihr Erfolgsstreben und ihre Verdienstmöglichkeiten behindert. Da Fleiß, Auftrieb, Arbeitstempo, Begabung, Handfertigkeit, Arbeitslust und Vitalität bei verschiedenen Menschen verschieden sind, muß jeder Zwang zur Gleichheit sowohl ein Gefühl der Ungerechtigkeit erzeugen als auch eine Nivellierung der Leistung nach unten. Denn wenn der Schnellere und Fleißigere der »Gerechtigkeit« wegen nicht mehr Lohn erhält, dann gleicht er sich bald den Langsameren und Fauleren an.

Unser Modell fordert eine Aufhebung des Arbeitszwangs durch die Einführung von Leistungsgruppen und die Möglichkeit der Wahl zwischen ihnen.

Statt Klassenkampf: Wunschklassen

Wir leben heute in einer Klassenkampfgesellschaft, die stark von Neid, Mißgunst, Ungerechtigkeitsgefühl, Haß und ihren unguten Folgen bestimmt ist.

Im folgenden erläutern wir ein Modell, das diese Emotionen weitgehend vermindern und die Vorstellung und damit auch das Gefühl von mehr Freiheit und Gerechtigkeit vermitteln kann. Unser Leben, unser Handeln und vor allem unser psychisches Wohlbefinden werden heute fast ausschließlich von unseren Vorstellungen und Gefühlen (Emotionen) bestimmt. Da es bei uns in Deutschland kaum noch Leiden durch Hunger, Kälte und ähnliches gibt und da sich das materielle Leben eines Armen kaum von dem Wunschleben eines Gammlers und Hippies unterscheidet, hängt das, was wir Glück und Zufriedenheit nennen, fast nur von der Vorstellungswelt der Menschen ab. An dieser kann der Hebel einer psychologischen, psychotechnischen Einwirkung zum Guten oder Schlechten, zur Vernunft oder Unvernunft, zum Frieden oder zum Kampf, zum Glück oder Unglück angesetzt werden.

Heute gibt es drei Klassen, die durch ihre Unterschiede und unterschiedlichen Lebenswünsche die genannten negativ wertigen Emotionen erzeugen. Es sind drei, nicht zwei Klassen, da die neue Front zwischen Leistungsmenschen und Leistungsfeinden hinzugekommen ist. Machen wir aus diesen drei feindlichen Klassen in unserer Vorstellung Wunschklassen, so gelingt sofort die Befriedigung und Verminderung der gefährlichen Emotionen, ein psychologischer Trick, der durchaus realisierbar ist. Die Befriedigung ist ohne jede Revolution – außer im geistigen Bereich – durch eine das Klassenkampfbewußtsein ablösende neue Bewußtseinsbildung möglich.

Daß mit solchen »Tricks« Revolutionen zu machen sind, hat die weltweite antiautoritäre Bewegung gezeigt. Drei Worte, dem Bewußtsein suggeriert, haben diese Bewegung ausgelöst. Es waren die Worte: Aggression durch Frustration. Wir haben diesen Vorgang ausführlich in unserer Studie »Der Irrtum der antiautoritären Revolte«[4] beschrieben. Die Worte »Repression und Frustration durch das Leistungsprinzip« haben den neuen Kampf gegen Leistung, Prüfungen, Auslese hervorgerufen. So machen Worte Geschichte. Das war immer schon so.

Unser psychotechnischer Vorschlag ist: aus den vorhandenen Klassen in der Vorstellung, d. h. im Bewußtsein eines jeden, Wunschklassen zu machen. Danach kann die tatsächliche, durch vieles noch zu sehr begrenzte Wahlmöglichkeit laufend verbessert werden. – Die neuen Klassen, die sich bereits herauskristallisiert haben, sind:

1. Die Klasse der sozial gesicherten Normalarbeiter und der Angestellten. Sie sind frei von der Last größerer Verantwortung, sorgen jedoch für den reibungslosen Ablauf der Arbeit. Sie arbeiten »normal«, bald nur mehr dreißig Stunden in der Woche, haben ihren geregelten Urlaub, sind gegen Krankheit, Invalidität und Arbeitslosigkeit versichert, und können etwa vom sechzigsten Lebensjahr an eine Rente beziehen. Schwere und unangenehme Arbeiten werden ihnen zunehmend von Maschinen abgenommen. Sie leben gut, besser als je zuvor, haben keine großen Geldsorgen, werden allerdings nicht viel reicher, da sie ihr Einkommen im wesentlichen für einen zunehmend höheren Lebensstandard verbrauchen.

2. Die Klasse der Superarbeiter, Unternehmer, Manager, Organisatoren. Die Menschen dieser Klasse wollen mehr leisten und mehr verdienen: mit Begabung, höherer Verantwortung, mit mehr Fleiß und mehr Arbeit. Sie sammeln Reichtum (Ersparnisse) an, den sie in Form von Kapital und Produktionsmitteln wieder, natürlich gegen Zins, zur Verfügung stellen. Ihr Leben ist risikoreich und nicht bequem. Oft verfügen sie über besonderes Organisationstalent und über Erfindungsgeist. Zum Teil treiben sie Raubbau mit ihrer Gesundheit. Sie opfern Freizeit und manches Vergnügen, das andere sich bedenkenlos gönnen. Sie erwarten für ihre Mehrleistung einen höheren Lohn und einen höheren Lebensstandard als die Normalarbeiter. Jeder Normalarbeiter kann durch Überstunden jederzeit Superarbeiter werden.
3. Die Klasse der Gammler, Subarbeiter, Playboys, Rentner, Rentiers und Freien. Wer diese Klasse oder Gruppe gewählt hat, will nur wenig oder gar nicht fest arbeiten, will ein freies, völlig ungebundenes Dasein ganz nach seinem Geschmack führen, als Künstler etwa nicht auf Geld aus sein, sondern nur malen oder schreiben, was ihm gefällt. Zu dieser Klasse gehören auch jene, die ein »einfaches Leben« dem Konsumverschleiß vorziehen wollen, sich dabei auch einfach, zum Teil in Lumpen, kleiden wollen. Weiter gehören dazu: Jugendliche und Erwachsene, die in Europa Buddhisten oder Hinduisten geworden sind und wie Mönche wunschlos zu leben versuchen, um sich für das Nirwana vorzubereiten; Personen, die durch frühere Arbeit, durch Erbschaft, eine große Erfindung, einen Lottogewinn Geld genug haben, um sich einen ständigen Urlaub erlauben zu können; Rentner und Pensionäre, die noch ein wenig oder zeitweise, jedoch nicht voll weiterarbeiten und weiterverdienen wollen; Verheiratete, geschiedene, verwitwete Frauen und auch Mütter, die nur halbtags tätig sein wollen. Wir sehen, diese Gruppe umfaßt viele und sehr verschiedenartige Menschen. Teils wollen sie unter der Norm arbeiten, teils wollen sie nur etwas leisten, obwohl sie es nicht mehr müssen, wie viele Rentner, Pensionäre und Ehefrauen.

Wenn es gelingt, für diese dritte Klasse – wobei »dritte« keine Wertung bedeutet – einen Weg der Mitarbeit nach ihrem

Wunsch in Übereinstimmung mit den wirtschaftlichen Möglichkeiten zu finden, würde eine große Arbeitsreserve erschlossen. Diese könnte den Ausfall vieler Freigestellter, die schon wegen ihrer Leistungsunlust nicht viel leisten, ausgleichen. Viele würden gerne noch zusätzlich arbeiten. Doch wird es ihnen heute durch sture Gesetze, Abzüge von der Rente und hohe Steuerstrafen unmöglich gemacht oder verleidet.

Die neuen Klassen unseres Modells sind nicht nur bereits vorhanden, sie sind auch für die Zukunft notwendig. In Zukunft werden hohe Leistungen und eine optimale Leistungsauslese noch unerläßlicher sein als bisher. Ohne sie gibt es keinen Aufbau und keinen Fortschritt auf allen Gebieten der Wirtschaft, der Wissenschaft und der Kultur. Es muß dazu eine Leistungselite geben. Wir brauchen die Initiative von Unternehmern, Ehrgeizigen, Managern, Anspornern, Erfindern, Organisatoren. Wir brauchen für die Mehrzahl der Menschen, die Normalarbeiter, eine geordnete Wirtschaft, feste Arbeitszeiten, soziale Sicherung, allgemeinen Frieden und Zufriedenheit, Leben ohne zuviel Streß, einen normalen Wohlstand mit einem gesunden Ausgleich und Wechsel zwischen Arbeit und Erholung, kurz: ein Leben, bei dem jeder mitkommt. Wir brauchen ein ruhiges, ohne Hektik und Sand im Getriebe laufendes Räderwerk.

Wir brauchen in Zukunft auch die Klasse der »Freien«. Viele legen mehr Wert auf ein einfaches Leben mit weniger Konsum, weniger Industriewaren und weniger Produktion. Da wir wissen, daß weder Produktion noch Konsum quantitativ weiter steigen dürfen, können wir das nur begrüßen. Im Hinblick auf Platzmangel und giftfreie Umwelt ist ihr Verzicht geradezu notwendig. Es muß auch Menschen geben, die mehr Wert auf qualitative Lebensgüter, auf seelischen und geistigen Reichtum sowie auf Natur- und Kunstgenuß legen als auf ein quantitatives Ansteigen von Produktion und Konsum moderner Industriewaren.

Toleranz der Klassen und Gruppen ist möglich

Es gibt keinen zwingenden Grund für die Annahme, daß die drei neuen Klassen nicht friedlich und ohne Haß, ja in Freundschaft nebeneinander existieren, sogar sich gegenseitig fördern und ergänzen könnten. Voraussetzung ist, daß sie die notwendigen, schon genannten Spielregeln achten.

Der große Unterschied zu früheren Klassen und der Vorteil der neuen Klasseneinteilung liegt darin, daß jeder seine Klasse frei wählen und daß er jederzeit von einer Klasse in eine andere hinüberwechseln kann. Er wird seine Leistungs-Klasse nach seinen Lebenswünschen, seinem Charakter, seinen Fähigkeiten, seiner Gesundheit, seiner Vitalität wählen. Er wird seine Klasse wechseln, wenn sich seine Wünsche, seine Gesundheit, seine Vitalität geändert haben. Er wird sie auch wechseln, wenn er etwas geerbt hat oder zum Beispiel eine Familie gründen will.

Ein Normalarbeiter kann zum Beispiel, angeregt von einem Vorbild, einer geliebten Frau oder einem neuen Lebenswunsch, plötzlich Superarbeiter werden, mit Überstunden oder besonderen Arbeiten mehr Geld verdienen, in einem Jahrzehnt ein kleines Vermögen ansammeln, sich damit selbständig machen oder ein Eigenheim erwerben. Ein Superarbeiter kann den umgekehrten Weg gehen: durch Konkurs sein Geschäft verlieren, durch Überbelastung als Familienvater keine Zeit mehr für Überstunden finden und schließlich froh sein, sich wieder in die Klasse der Normalarbeiter einreihen zu können.

Ein anderer kann nach Jahren der Hochleistung plötzlich nicht mehr arbeiten und statt dessen auf Reisen gehen wollen, später aber wieder als Superarbeiter tätig sein und noch bis zum siebzigsten Lebensjahr arbeiten, um dann als Rentner endgültig wieder der Klasse der Freien anzugehören.

Wieder ein anderer, Kunstmaler von Beruf und Berufung, lebt seiner Kunst, mit wenig Geld und Luxus. Er arbeitet, wenn er Lust dazu hat und malt nur das, was ihm Freude macht, nicht das, was ihm mehr Geld bringen kann. So kann jeder seiner Eigenart leben und auf seine Weise zufrieden sein. Kann er es wirklich?

In einem gewissen Ausmaß kann er es heute schon. Unser

Denkmodell verlangt, daß man mehr Freizügigkeit für Wahlmöglichkeiten schafft, daß man mehr Toleranz und Verständnis dafür zeigt, daß verschiedene Menschen verschieden leben wollen und daß man mehr Möglichkeiten zu einem unterschiedlichen Leben eröffnet.

Ein Haupthindernis für diese Freiheit besteht darin, daß alle die gleiche Arbeitszeit, die gleiche Urlaubszeit und gleichaussehende Arbeitsplätze haben müssen. Uniformierende Gesetze, Tarifverträge und behördliche Bestimmungen bedingen diese Starrheit, die keine Rücksicht auf die individuelle Entfaltung nimmt. Erste Versuche mit gleitender Arbeitszeit sowie gleitendem Pensionsalter und Teilzeitarbeit werden jedoch bereits unternommen.

Bei unseren Wunsch-Klassen handelt es sich um Leistungsgruppen und ihre Einordnung in eine heile Welt der Zusammenarbeit und Arbeitsteilung. Jede dieser Klassen muß für sich eine Lebensart finden, mit der sie existieren und ihre speziellen Bedürfnisse befriedigen kann, eine Lebensart, die eine friedliche Koexistenz mit den anderen Klassen ermöglicht. Jeder Angehörige einer Klasse muß lernen, die Mitglieder der anderen zu achten und ihre Eigenarten, Wünsche und Bedürfnisse zu verstehen, weil er selbst wünscht, daß die anderen ihn verstehen und achten. Dies wiederum ist nichts anderes als die allgemein gewünschte und geforderte Toleranz.

Die Einteilung der Klassen unseres Denkmodells erfolgt allein nach der Einstellung zur Leistung. Diese Einteilung ist praktisch möglich und keine reine Utopie wie etwa eine völlig leistungsfreie Gesellschaft für alle. Diese neue Klassenbildung gewährt auch deshalb größte Toleranz, weil sie nicht ausschließt, daß sich unabhängig von und parallel zu ihr auch andere Gruppen bilden und daß sich in diesen Gruppen Angehörige verschiedener Leistungsklassen freundschaftlich zusammenschließen können. Sowohl ein Gammler als auch ein Superarbeiter kann FKK-Anhänger, Bergsteiger oder Jazz-Fan sein und sich mit Gleichgesinnten zusammenfinden, ohne daß die unterschiedliche Leistungsklasse irgendwelche Schwierigkeiten bereitet.

Die Überwindung des Neides

Wer den Klassenkampf beenden und Feindseligkeiten ausmerzen will, muß vor allem zeigen, wie der Neid beseitigt werden kann. Nach unserem Denkmodell kann der Neid vermindert werden.

Die Klassen sind »Leistungsklassen«, weil sich jeder seinem Leistungswunsch und seinen Leistungsfähigkeiten entsprechend eingliedern kann. Schon die Tatsache der Selbsteingliederung schließt Neid weitgehend aus, denn man wählt ja aus eigenem Entschluß. Es steht jedem frei, in die »beneidete« Klasse hinüber zu wechseln. Die eigene Einsicht, diesen Wechsel nicht vollziehen zu wollen oder mangels Eignung nicht vollziehen zu können, macht einsichtig, daß man die anderen in Wirklichkeit doch nicht beneidet. Diese Einsicht fehlt heute weitgehend.

Der Ansatzpunkt für die Neidbefreiung ist die Erkenntnis, daß die Zugehörigkeit zu jeder Klasse Vor- und Nachteile hat, Rechte gibt, aber auch die Übernahme von Pflichten fordert! Man vergaß bei der Betrachtung des Schicksals anderer die Nachteile von den Vorteilen abzuziehen. Bei der Betrachtung des eigenen Loses dagegen sahen viele nur die Nachteile und nicht auch die Vorteile. Werden bei der anderen Klasse überwiegend die Vorteile, bei der eigenen überwiegend die Nachteile gesehen, so hat der zum Neid führende Unterschied eine ganz andere Stärke als wenn man beides gleichermaßen ins Bewußtsein bringt.

Durch die Wahlmöglichkeit und das Bewußtsein, wählen zu können, wird jeder zur Beachtung der Vor- und Nachteile angeregt; denn er muß und will ja abwägen, bevor er sich für eine Möglichkeit entschließt. Die Vor- und Nachteile sind nun aber bei den einzelnen Menschen verschieden, weil jeder eine andere Vitalität und Gesundheit, andere Begabungen und Lebenswünsche hat.

Dem Superarbeiter sind der finanzielle Erfolg, die Karriere, die erreichbare soziale Geltung sehr viel wert. Ihm machen Anstrengungen, Risiken, Überstunden, Verzicht auf langen Urlaub und freie Wochenenden nicht viel aus. Zudem macht ihm die Arbeit Freude. Er beneidet den Normalarbeiter um sein bequemeres Leben oder gar den Gammler oder Playboy um seine große Freiheit manchmal ein wenig. Bedenkt er jedoch, daß er im Falle eines Tausches auf sein erheblich höheres Einkommen und seine aussichtsreiche Karriere verzichten müßte, beneidet er die anderen nicht mehr. Zudem weiß er, daß er jederzeit tauschen kann. Merkt er eines Tages, daß er sich doch zuviel zugemutet hat, weil er sich überarbeitet fühlt oder nicht mehr so gesund ist wie früher, so kann er sofort seine Klasse wechseln und mit seinen Kenntnissen und Fähigkeiten auch eine bequemere Stellung und eine Vierzig- oder gar Dreißig-Stunden-Woche erhalten. Er braucht fernerhin seine Normalarbeiter-Kollegen nicht mehr zu beneiden.

Der Normalarbeiter in unserem Modell beneidet zwar den Superarbeiter und Unternehmer um seinen Reichtum. Bedenkt er jedoch, mit welchen Anstrengungen und welchem Risiko dieser erworben werden muß oder daß er ihn plötzlich wieder durch Konkurs verlieren kann und dann ohne eine Rente dastände, bleibt er doch lieber bei seiner Klasse. Bei vielen Gewinnbeteiligungsgesprächen ist klargeworden, daß der Arbeiter ein Verlustrisiko nicht mitübernehmen will.

Ähnlich geht es auch denen, die sich zu keiner geregelten Arbeit aufraffen können, weil sie das Nichtstun mehr als das schätzen, was sich andere mit ihrer Arbeit leisten können. Bei oberflächlichem Denken beneiden sie die Erfolgreichen um ihr größeres Einkommen. Bei genauem Abwägen jedoch wollen sie nicht tauschen und das ganze Studium, die Examen, die späteren Anstrengungen und all' das, was den Erfolg brachte, nicht selbst übernehmen. Oder sie werden einsehen, daß sie durch ihre andere Veranlagung dazu nicht geeignet sind.

Gewiß sind viele durch das Schicksal bevorzugt, weil sie mehr Gesundheit, Auftrieb, Spezialbegabung und auch mehr Geld geerbt haben. Im Klassenkampfdenken spielt der Gedanke an das Gelderbe die größte Rolle. In der Wirklichkeit sind heute die anderen genannten und vom Schicksal und Zufall gegebenen Werte und Eigenschaften für die Zukunft eines jeden von größerer Bedeutung. Unser Modell geht von der Chancengleichheit aus. Auch hier hilft zu dem neuen Bewußtsein eine gute Aufklärung über die Möglichkeiten und Chancen eines jeden Berufes, über die Vor- und Nachteile, über die Rechte und Pflichten, über die Eigenschaften, die für jeden nötig sind. Eine solche

Aufklärung in den Massenmedien und auch in der Schule, einleuchtend und mit nötigen Beispielen dargestellt, würde viele mehr interessieren als all das, was heute von den Medien vermittelt wird. (Wünscht man etwa, daß Jugendliche Mörder und Gewaltverbrecher werden, weil man deren Leben so ausführlich und immer wieder in neuen Variationen schildert?)

Freiheit als Wahlfreiheit kann auf allen Gebieten des Lebens erweitert werden, wenn die Vor- und Nachteile stets aufgezeigt werden. Wie man in der Medizin fordert, zu den erstrebten Wirkungen auch die schlechten Nebenwirkungen zu nennen, sollte dies auch für das Leben selbst und seine Möglichkeiten gelten. Wenn es die Anbieter nicht tun, müssen andere diese Aufgabe übernehmen.

Diese Methode der Bewußtseinsbildung hat viele Vorteile. Auch die Vernunft kann wählen, nämlich das für sie Zweckmäßigere. Kinder, die täglich Eis und Süßigkeiten naschen, werden von anderen, denen die Eltern kein Geld dazu geben, beneidet, jedoch kaum mehr, wenn ihnen die Eltern berichten, daß die Beneideten später schlechte Zähne und andere Krankheiten haben werden.

Kehren wir nach dieser Abschweifung zu unseren Klassen zurück. Die gegenwärtige Funktion zwischen den schon vorhandenen Leistungsklassen kann ständig ohne große Revolution, ohne ein Warten auf endgültige Reformen, über die man sich doch nie einigen wird, ohne Geld, das man nicht hat, ohne große Systemänderung und ohne Zerstörung unserer Wirtschaft verbessert werden. Ein Großteil der Verbesserungen ist allein durch die neue psychologische Einstellung möglich. Weitere Verbesserungen können immer wieder vorgeschlagen und ausgearbeitet werden.

Wir behaupten, daß eine friedliche, alle zufriedenstellende Koexistenz nur durch die Wahrnehmung und Anwendung der neuen elementar-psychologischen Erkenntnisse möglich ist. Die bisherige Psychologie, insbesondere die Freudsche Trieblehre, eröffnete diese Möglichkeit nicht, sondern mußte durch Fehlorientierung zu Fehlhandlungen führen.

Neid wird immer nur von neiderregenden Vorstellungen (Signalen, Schlüsselreizen) erzeugt. Professor Helmut Schoeck[5] meint, daß es eine völlig neidfreie Gesellschaft niemals geben kann. Das ist sicher richtig, ebenso richtig wie die Ansicht, daß es niemals eine völlig gesunde Gesellschaft geben kann. Es ist jedoch möglich, sowohl Krankheitserreger als auch Neiderreger erheblich zu vermindern.

Der bisherige Klassenkampf erregte Neid, weil seine Anführer und Anreger Haß, Unzufriedenheit und aggressive Einstellung haben wollten. Dagegen sollen die Menschen und Klassen unseres Modells bewußt Neid-Vorstellungen vermeiden und Neid-Signale abbauen, weil sie Frieden und Zufriedenheit wollen. Zu einem neidfreien Bewußtsein gehört auch die Erkenntnis, daß es sehr viele verschiedenartige Eigenschaften, Begabungen, Reichtümer, Werte, Freuden und Genüsse des Lebens gibt. Beachtet ein Mensch diese Vielfalt der möglichen Werte, so sieht er mehr von dem, was er selbst besitzt oder besitzen kann. Der eine kann stärker für das, der andere für jenes begabt sein; der Reiche kann krank und der Arme gesund sein. Der Genuß vieler Werte wie der Liebe, der Natur, der sportlichen Bewegung, der Musik, der Literatur, der Kunst und der wissenschaftlichen Erkenntnisse steht allen offen. Ein Wald in der Nähe bietet manchem mehr Vorteile als ein Goldbarren im Tresor. Das Glückserleben und Wohlbefinden hängt weniger von dem äußeren Schicksal als vielmehr von einer inneren positiven oder negativen Einstellung zum Leben ab.

Daß die meisten Werte den meisten Menschen frei zur Verfügung stehen, wird viel zu wenig beachtet. Man muß lernen, den Blick mehr auf die Vielfalt der Werte zu richten, die man haben kann, als vorwiegend auf solche, die man gerade nicht haben kann.

Die klassenkämpferische Bewußtseinseinstellung läßt Bevorzugte mit guten Noten, Orden, Titeln ausgezeichnete und im Erfolg höher Stehende, Leistungsmenschen, Karrieremacher, ja sogar das Schöne und Gute hassen, weil sie den großen Neid erst erzeugt und mit dem Neid auch die Mißgunst.

Alles Höhere, sogar so hohe Werte des Menschen wie Pflichtgefühl, Treue, Dankbarkeit, Heimatliebe, ästhetischer Genuß, werden heute aus Neid und Mißgunst herabgesetzt, verdunkelt, entwertet. Viele natürliche, durch Schicksal, Veranlagung, Zufall, Leistung oder einfach durch Vergangenes verursachte Ungleichheiten und Unterschiede werden erst durch den klassenkämpferischen Blick zu etwas Bösem, das wieder Böses – nämlich Mißgunst, Haß und Unzufriedenheit – hervorruft.

Zum Neid gehört die Schadenfreude, welche ihre Lust beim Herabsetzen der »Höheren«, beim Enteignen der Besitzenden, bei einem Unglück der vom Glück Begünstigten erlebt.

Nach dem exakten elementar-psychologischen Gesetz des Neides, wird: Quälender Neid von Wahrnehmungen und Vorstellungen ausgelöst, die zeigen, daß andere mehr sind, mehr besitzen, mehr können, mehr gelten, mehr erreicht haben als wir selbst. Dieser quälende Neid kann durch die Differenzierung und Gruppenbildung, die eine große Freiheit ermöglicht, vermindert werden, denn fast jeder kann in irgendeiner Gruppe etwas sein, etwas können, etwas Besonderes besitzen oder gelten. Er muß dazu die für ihn speziell passende Gruppe wählen, in der er seine Fähigkeiten entwickeln und in der er etwas Besonderes erwerben kann, wie z. B. ein Amt, eine Auszeichnung, ein Geliebt- und Geschätzt-sein, eine besondere Freude, eine nur in dieser Gruppe anerkannte eigene Leistung sowie Stolz darauf.

Jeder sollte auch die Werte sehen, die uns Menschen letzten Endes am meisten berühren und das bestimmen, was unser Glücklichsein ist, nämlich Gesundheit und Zufriedenheit. Mancher Neid und manche Mißgunst können auch hierdurch verschwinden.

Ungerechtigkeit und Minderwertigkeitsgefühl

Unbehagen bereiten uns auch Vorstellungen der Ungerechtigkeit. Sie lösen ein spezifisches unlustvolles Gefühl aus. Dieses unterstützt den Neid und verleiht ihm eine gewisse Berechtigung.

Im Teil II unserer Studie wird gezeigt, daß auch die Vorstellungen von großer Ungerechtigkeit heute zu zerstörenden politischen Zwecken unvernünftig und mit Lügen und falschen Vorstellungen hochgespielt werden – aber auch, daß Gerechtigkeit sofort herstellbar ist. Eine Gleichmacherei, d. h. eine Egalisierung und Nivellierung, die immer eine Nivellierung nach unten in Armut ohne Ausnahme wäre, kann dagegen niemals gerecht sein. Sie würde noch mehr Ungerechtigkeit bringen, weil der Fleißige und Sparsame bestraft und der Faule und Asoziale belohnt würde. Optimale Gerechtigkeit gibt nur der Leistungslohn.

Unser Denkmodell mit den drei neuen Leistungsklassen läßt auch das Gerechtigkeitsproblem in neuem Licht erscheinen. Gerecht ist, daß ein Normalverbraucher mit seinem ausgehandelten Tarifvertrag heute in gutem Wohlstand und sozialer Sicherheit leben kann. Gerecht ist, daß ein Gammler weniger oder nichts verdient, dabei einfacher oder von früher Erspartem oder von seinen Eltern leben muß. Gerecht ist, daß Superarbeiter durch ihre Mehrarbeit reicher als Normalarbeiter werden können.

Zum Vorschlag unseres Denkmodells gehört, daß neuer Reichtum und Vermögensbildung vorwiegend der neuen Klasse der Superarbeiter zufließen sollen, weil nur Mehrleistungen und Sparen Reichtum schaffen kann. Dazu ist es notwendig, daß nur die Mehrleistung mit Vermögensbildung belohnt wird und nicht, wie es 1974 Gesetz werden soll, Gewinn an die Armen und weniger Leistenden verteilt wird; daß höhere Leistungen und Fleiß nicht durch überhöhte Mehrsteuern bestraft werden; daß man die Mehrleistung und auch das Streben nach Mehrverdienst achtet und nicht diskriminiert; daß man Anreize dazu schafft und nicht Sabotage und Minderleistung fördert. Dazu ist es auch nötig, daß es Privateigentum an Produktionsmitteln gibt, weil nur dieses Eigentum wieder produktiv werden kann und nicht nur dem Privatluxus dient.

Wollen wir frei von Neid und Ungerechtigkeitsgefühl werden, um zufrieden und in Frieden leben zu können, so müssen außer den Vorstellungen auch Signale der Ungerechtigkeit vermindert werden. Beide werden durch die erwähnte falsche, linke und klassenkämpferische Bewußtseinsbildung verstärkt. Sie wird heute schon in der Schule, ja in Kindergärten vorbereitet. Eine der Wirklichkeit eher entsprechende Bewußtseinsbildung muß und kann diese gefährlichen Signale und das von ihnen ausgehende große Unbehagen, die Unzufriedenheit und den Haß erheblich vermindern. Es geht uns nicht etwa darum, vorhandene Ungerechtigkeiten zu übersehen oder zu vertuschen, sondern um den Nachweis, daß heute echte Gerechtigkeitsbegriffe verdammt und falsche gehätschelt werden. Es wird keine wahre Gerechtigkeit geben, solange von der gleichmäßigen Verteilung allen Besitzes und Einkommens ausgegangen wird. Es sei hier kraß und provozierend gesagt: Gerechtigkeit ist nur da möglich, wo es Reiche und Arme gibt. Man sollte das begreifen lernen.

Man kann den Neid vermindern, wenn man davon überzeugt, daß Reichersein, in der Macht oder Geltung Höherstehen, und Mehrverdienen gerecht sein kann. Man kann den Neid auch durch ein besseres und lustvolles Gefühl ersetzen, ein Gefühl, das zufriedener, glücklicher, liebender statt hassender und friedlicher macht: durch den Stolz auf das, was man ist und gibt. Dieser wird durch die Differenzierung und Gruppenbildung verstärkt und häufiger ermöglicht. Der Stolz auf die eigene Gruppe, Rasse, Klasse, Nation, auf den Beruf, die Arbeit, die Leistung, das Unternehmen, dem man angehört, hebt das eigene Geltungsgefühl. Das tut sogar der Stolz auf den Unternehmer, Meister, Vorgesetzten, mit dem man sich als sein Mitarbeiter identifiziert. Früher war es möglich und üblich, daß man stolz auf sein Vaterland, seinen Fürsten, seine Eltern, seinen Betrieb, seinen Vorgesetzten war, daß man diese achtete, bewunderte und liebte, weil man sich ihnen zugehörig fühlte oder gar mit ihnen identifizierte. Der Stolz auf seinen Klub, Verein oder seine Kameraden kann um so öfter und intensiver genossen werden, je mehr Gruppen es gibt, denen man angehören kann.

Dieser Stolz und dieses Selbstbewußtsein sind das Gegenteil eines Minderwertigkeitskomplexes, in den man die Massen heute absichtlich hineinmanövriert, um auch damit Klassen-, Rassen- und Völkerhaß zu erzeugen.

Als Beispiel eines positiven Umfunktionierens von Neid und Minderwertigkeitskomplexen in Stolz und Selbstbewußtsein kann der neue Slogan »black is beautyful (»Schwarz ist schön«) dienen, der um das Jahr 1970 in den USA aufkam. Als die meisten Schwarzen in den USA noch, im Gegenteil zu den Südamerikanern, selbst ihre schwarze Hautfarbe als einen Makel ansahen und sich ihrer schämten und die Weißen um ihre Hautfarbe beneideten, kam man plötzlich auf die Idee, die schwarze Hautfarbe schön zu finden. Diese Änderung in der Vorstellungswelt des Bewußtseins brachte vielen Menschen beglückenden Stolz statt quälenden Neid.

An diesem Beispiel läßt sich ersehen, wie ein psychologischer Trick glücklicher machen und Aggressionen abbauen kann. Wir sehen weiter daran, daß das Sich-gleich-machen-wollen mit den Weißen psychische Leiden brachte, während die Differenzierung und Identifizierung mit der eigenen Gruppe von diesem psychischen Leiden befreite.

Die Gliederung und Selbsteinordnung in Gruppen erfüllt nicht nur ein elementares Bedürfnis des Menschen, dessen Psyche sich durch Jahrtausende auf Sippen und Gruppen eingestellt hat, sondern sie gibt auch mehr Sicherheit und Halt. Sie schenkt dem Einzelnen mehr Möglichkeiten, seiner Eigenart entsprechend zu leben und zu mehr Selbstbewußtsein zu gelangen. Die Eigenart des Einzelnen erhält erst durch eine Gruppe ihre rechte Bestätigung und Anerkennung. Außerdem kann der Einzelne sich mit seiner Gruppe identifizieren und auf diese Weise stolz sein. Gleichmacherei verhindert ein solch beglückendes Gefühl.

Nicht nur mehr Besitz, sondern auch mehr Geltung, Anerkennung, Auszeichnung, Geliebtsein, Geachtetsein von anderen kann Neid und mit ihm ein Gefühl der Ungerechtigkeit, ja Haß und Aggression auslösen. Dieser Neid tritt in sozialistischen und kommunistischen Staaten an die Stelle des Besitzneides. Er ist nicht geringer.

Der Geltungstrieb spielt für die Solidarität oder Feindseligkeit der Menschen eine große Rolle. Er wurde vor allem durch die bisherige vertikale Gliederung der Klassen, Rassen, Berufe und Ausbildung in falsche Bahnen gelenkt. So manch einer kam sich sogar in der Eisenbahn oder in einem Krankenhaus herabgesetzt vor, wenn er zweiter Klasse fuhr oder lag.

In unserem Denkmodell verlangen wir eine horizontale Gliederung. Der böse Spuk ist vorbei. Etwas Ähnliches versuchen einige Pädagogen heute mit verschiedenen Schulen. Bei der horizontalen Gliederung gibt es nicht höhere und niedere, sondern nur verschiedene Klassen, Gruppen, Schulen. Die horizontale Gliederung der neuen Klasse unseres Denkmodells mißt die Geltung des Menschen im Leben an neuen Wertmaßstäben. Jede Klasse wird ihre eigene Wertung und ihren eigenen Wertmaßstab haben. Die Superarbeiter und zukünftigen Leistungsmenschen werden sich selbst nach ihrer Leistung einstufen. Die Normalarbeiter werden andere Werte hochschätzen, wie Kameradschaft, Sicherheit, soziales Verhalten. Die »Freien« werden ein »Zurück zur Natur« fordern, die Kunst, Musik, ein einfaches beschauliches Leben, Meditation, Sex, Liebe, Güte am höchsten schätzen, dagegen Strebertum, Paukerei, Karrieremachen, Geldverdienen, mit Autos die Luft verpesten, Soldat sein, Titel, Orden, Herumkommandieren und ähnliches in ihrer Wertung herabsetzen. Alle dürfen nur innerhalb ihrer Klasse die entsprechenden Werte vertreten, nicht jedoch Angehörige anderer Klassen deshalb diskriminieren. Die Leistungsmenschen sollten die Gammler, Freien, Musischen ebenso achten wie umgekehrt die »Freien« die Leistungen der Menschen anderer Klassen anerkennen sollten.

Über die Wertung innerhalb der neuen »Klasse« muß jedoch auch noch eine allgemein gültige Wertung stehen. Toleranz, Güte, Freundlichkeit müssen als Hochwerte; Intoleranz, Schädigung anderer, Haß, Mißgunst, Feindseligkeit, Diskriminierung und Beleidigung von Menschen einer anderen Klasse oder Gruppe müssen als Minderwertigkeiten angesehen werden. An diesen allgemeingültigen Werten können und sollen sich alle gegenseitig messen.

Für eine differenziertere Wertung nach beliebig vielen Gesichtspunkten stehen daneben die kleineren Gruppen ihren Mitgliedern offen. Hier kann, ohne andere mit der eigenen Meinung zu belästigen, zum Beispiel nach sportlicher oder künstlerischer Leistung ebenso gewertet werden wie nach moralischer Ansicht oder religiösen Gefühlen.

Der Geltungstrieb ist nach der Lehre der Elementar-Psychologie ein jedem Menschen angeborener Trieb. Er ist eine gewaltige Naturkraft, die man zum Nutzen oder Schaden vernünftig oder unvernünftig einsetzen kann. Nur über die Wertung kann man ihn manipulieren. Wir leben im Zeitalter der Umwertung fast aller Werte. Unser Denkmodell fordert vor allem eine neue Wertung. Durch eine neue, vernünftige Wertung können der ganze, böse Klassenkampf, der Haß, der Neid, die Mißgunst, die Unzufriedenheit, die große Unlust weitgehend beseitigt werden. Revolution durch Umwertung statt durch Maschinengewehre!

Die einzelnen Klassen und Gruppen müssen eigene Spielregeln und Wertungen erarbeiten, wie es ja bereits früher und in vielen Gruppen, zum Beispiel bei den deutschen Ständen, üblich war. Dann wird sich alles einspielen können.

Eine verhältnismäßig rasche Umstellung auf unser Denkmodell ist möglich, noch bevor alles im Detail geregelt wurde. Die neuen »Klassen« gibt es ja bereits. Jedermann kann sich bereits eingliedern und die gezeigten Regeln beachten. Es gehört nur ein guter Wille dazu und Aufklärung aller darüber, daß dies ein gangbarer Weg zur friedlichen Koexistenz ist. Muß diesen Weg unbedingt erst ein großer Parteiführer verkünden? Oder werden wir vernünftig genug sein, ihn trotz aller ideologischer Hindernisse allein zu finden? Werden wir je dazu kommen, einfach das Vernünftigere und Bessere zu tun, nachdem wir es als solches erkannt haben? Oder werden weiterhin Egoismus, Prestigedenken, Rechthaberei, Sturheit, Starrheit alter Verhaltensweisen, von Feinden unseres Landes und fremden Weltrevolutionären geschürter Klassenhaß, Unvernunft, Lügen und Irrtümer, die zu Fehlhandlungen führen müssen, unser Handeln beherrschen?

Unser Denkmodell soll vor allem der Jugend eine Anregung geben, eigene Modelle für eine bessere Gesellschaft zu entwerfen, indem es ihr zeigt, daß Alternativen zum sozialistischen und kapitalistischen Modell denkbar sind. Es soll aufmuntern, endlich einmal darüber nachzudenken, was alles möglich ist.

Weder ein Kapitalismus noch ein Kommunismus sind so schlimm wie ein dauernder Klassenkampf, der keiner Partei ermöglicht, ein stabiles System und Verhalten einzuführen. Mit Gewißheit werden wir weder den alten Kapitalismus noch den Sozialismus Ostdeutschlands wählen oder wünschen. Also bleibt kein anderer Ausweg als etwas Neues zu suchen. Die Jugend soll suchen helfen. Es geht um ihre Zukunft.

Gleichschalten und Intoleranz

Zur großen Freiheit gehört Toleranz: leben und leben lassen. Verstehen psychischer Reaktionen und Bedürfnisse anderer Menschen und Verständnis für das, was sich andere wünschen. Die Meinungen und die Lebensart anderer respektieren – das ist Toleranz. Toleranz ist eine Grundeigenschaft demokratischer Gesinnung.

Mit der Toleranz ist es bei uns heute sehr schlecht bestellt. Wir sehen zunehmenden Terror und eine neue Inquisition, gerade da, wo einst »Freiheit« großgeschrieben wurde, nämlich auf den Universitäten.

Meinungsfreiheit gibt es in unserer Gesellschaft. Sie wird weit über die bloße Kritik hinaus ausgenützt – bis zu Provokation, im Theater etwa bis zum Rülpskonzert und zur Analerotik auf der Bühne. Doch haben solche Veranstaltungen nichts mit Toleranz zu tun, eher mit Terror und Inquisition.

»Am deutschen Wesen soll die Welt genesen«, hieß es einst bis einschließlich zur Hitlerzeit. Heute soll am neu-deutschen Wesen die Welt genesen, sollen Griechen, Spanier, der Schah von Persien, Rhodesier, Südafrikaner von Deutschen geschulmeistert werden. So will es der neu-deutsche Zeitgeist.

Der Autor dieser Studie ist für Demokratie, für eine optimale Demokratie. Er hält es jedoch für sehr fraglich, ob unsere heutige »Klassenkampfdemokratie«, unser Parteiensystem, das zur Zeit nur bösartig kritisieren, jedoch nicht positiv aufzubauen vermag, unser von Terror-Organisationen, Haß, Wirtschaftssabotage durchsetztes und daran leidendes derzeitiges System wirklich besser ist als z. B. das bis dato dauernd angegriffene System in Griechenland, wo Ordnung und Sauberkeit herrschten, während wir uns auf dem Weg in ein Chaos befinden. Militärdiktaturen wurden immer wieder, auch in freien Afrikastaaten und in Chile, notwendig, wo ein demokratisches System wegen des Klassenkampfes nicht mehr funktionierte. Es ist durchaus die Frage, ob auf deutschen oder griechischen Universitäten mehr Vernunft, Freiheit und Möglichkeit, frei und positiv zu lehren und zu studieren, vorhanden sind. Und es ist sicher, daß es den Schwarzen im weiß regierten Südafrika wesentlich besser geht, ja daß sie sogar mehr Freiheiten besitzen als die

Schwarzen in ihren freien Staaten. Trotzdem werden die Südafrikaner und Rhodesier dauernd beschimpft, boykottiert, wurden rhodesische Sportler aus politischen Gründen von der Olympiade ausgeschlossen.

Das Merkwürdige an unserer neudeutschen und »progressiven« Intoleranz ist, daß sie nur da in Zeitungen, im Fernsehen, bei Massendemonstrationen, bei Anpöbelungen von Staatsbesuchern auftritt, wo westliche, kapitalistische, zur Nato gehörige Systeme angegriffen werden, kaum jedoch, wenn es sich um sozialistische oder afrikanische Staaten handelt, bei denen es auch Militärdiktaturen, ja eine größere Unfreiheit, mehr Gefangenenlager, eine Mauer um das Land, Grausamkeiten und Mord von Hunderttausenden gab und heute noch gibt.

Auch auf der antikommunistischen Seite sehen wir unnötige Intoleranz. Warum sollen sozialistische und kommunistische Staaten nicht nach ihrem System leben? Warum muß denn immer der eine dem anderen aufzwingen wollen, was er selbst für sich gewählt hat?!

Das ist es immer wieder, was Haß und Feindschaft hervorruft: das Andere-belehren und Gleichmachen-wollen, das Gleichschalten und Integrieren, das anderen etwas Aufzwingen, das Eindringen in eine andere Gruppe, die Nicht-Anerkennung einer anderen Lebensart. Für die andere Seite bedeutet das oft: angegriffen und herabgesetzt zu sein, nicht mehr frei und seiner Art entsprechend leben zu können, sich geschulmeistert und von oben herab behandelt zu fühlen, an einem Minderwertigkeitskomplex leiden zu müssen.

Unser Modell verlangt größtmögliche Toleranz. Auch der Kommunismus oder das Leben in Kommunen ist eine Lebensart, die manche wählen wollen. Unsere Ansicht ist, daß eine freie Demokratie keine kommunistische Partei verbieten darf und daß jeder Bürger auch ohne Diskriminierung in einer Kommune leben soll, wenn er es will. Voraussetzung dafür allerdings muß sein, daß die solchermaßen Anerkannten selbst nicht angreifen, intolerant sind, terrorisieren, den anderen ihr System aufzwingen wollen. Warum sollen nicht Kommunisten da und dort eigene Fabriken oder Landgüter erhalten, um zu zeigen, wie sich ihre Lebensart bewährt?

Vorbild-Demokratie statt Kritik-Demokratie

Unser Modell verlangt eine Umgestaltung der Demokratie von einer Kritik-Demokratie in eine Vorbild-Demokratie. In dieser soll jede Partei und Gruppe die anderen nicht nur kritisieren, schlechtmachen, angreifen, hassen, sondern stets nur das eigene Bessere zeigen, beweisen, vorleben.

Wäre es nicht der eigentliche Sinn einer Demokratie, einen Wettbewerb guter Ideen, Verhaltensweisen, Lebensmöglichkeiten, politischer Vorschläge zu fördern, damit eine Evolution durch Mutation und Auslese auch gesellschaftlicher Organismen und im geistigen, sozialen, politischen, kulturellen Bereich möglich wird?

Denken wir doch einmal darüber nach, wieviel Haß, Feindschaft, Beschämung, Unzufriedenheit, Ärger, Pessimismus und Depression verschwinden und wieviel Liebe, Sympathie, Freundschaft, Stolz, Zufriedenheit, Freude und Optimismus entstehen würden, wenn in allen Massenmedien plötzlich statt der dauernden Kritik und der Berieselung mit lauter Schlechtigkeiten gute Vorschläge, Erfolge, neue Möglichkeiten auf allen Gebieten des Lebens bekanntgemacht würden. Oder wieviel Positives die Politiker, ja wir alle schaffen würden, wenn wir unsere Zeit und unseren Geist darauf verwenden würden, an einer Verbesserung der Zukunft zu arbeiten und dabei Gefundenes zu publizieren, als nur immer Kritik zu üben und Aggression auszuleben.

Warum zeigen uns unsere Kommunisten nicht das kommunistische Paradies und wie es sich da besser lebt? Warum zeigen die für die Alleinherrschaft der Schwarzen in Südafrika Kämpfenden nicht, wie Schwarze in freien Staaten und ohne Hilfe der Weißen besser leben als etwa die Ovambos in ihren Gebieten, die unter dem Protektorat und Schutz der Weißen stehen? Warum führten nicht schon längst gewerkschaftseigene Betriebe Mitbestimmung, größere Lohnerhöhungen, mehr Urlaubsgeld, Bildungsurlaub und alles das ein, was die Gewerkschaften fordern?

Wir gingen herrlichen Zeiten entgegen, wenn wir von der Kritik-Demokratie zur Vorbild-Demokratie übergehen würden.

Dazu ist keine blutige Revolution oder Systemänderung nötig, sondern nur guter Wille, Einsicht, Toleranz.

Eine Schwierigkeit gibt es dabei: Wie gewinnt man die nächsten Wahlen, wenn man den Gegner nicht mehr mit Dreck bewerfen und herabsetzen darf? Nun, es ließe sich ein einfaches Abkommen darüber treffen, daß jeder nicht mehr den anderen herabsetzen sondern nur das eigene ihm als besser Erscheinende hervorheben darf. Utopie? Es wäre der Beginn einer positiven Demokratie, ein Aufweichen der starren Parteifronten, eine Heilung der Sterilität, der Ideenarmut unserer Politiker. Wieviel negatives Denken ginge in positives über!

Unser Modell verlangt, daß sich dieses System der Vorbild-Demokratie nicht nur auf die Parteien bezieht, sondern auf alle Gruppen. Differenzierung, Optimierung innerhalb einer Gruppe, Gruppenwertung, Toleranz, Vorbild-Demokratie, durch Wettbewerbe und Evolution natürliche Auslese, Übrigbleiben optimaler Gruppen und allmähliches Ausscheiden von Gruppen, die den Menschen keinerlei Vorteil bieten – das wäre eine wünschenswerte, wirklich fortschrittliche Entwicklung. Das wäre ein Funktionieren der Demokratie auf einem höheren Niveau.

Geteilte Staaten

Wir haben es erlebt: Dreimal sind Hunderttausende in unserer Zeit ermordet und Millionen in maßloses Elend gestürzt worden, weil man sie mit anderen gleichschalten wollte, obwohl ihnen ein Eigenleben so wichtig war, daß sie dafür kämpfen und sterben wollten. Wir haben es in Vietnam, in Biafra und in Ostpakistan gesehen. In Biafra wurde ein ganzer Volksstamm so gut wie ausgerottet, weil man ihn nicht selbständig werden lassen wollte. Ostpakistan mußte erst in Blut und Elend versinken, bevor es sich als Bangla Desh abtrennen durfte. In Vietnam tobt der Kampf immer noch. Vom Elend dieses Kampfes haben wir genug erfahren. Die massive Anklage bei uns richtete sich jedoch nicht an die wirklichen Aggressoren, Imperialisten, Unterwerfer und Gleichmacher in Nordvietnam, sondern an die, die frei von Angriffen, Unterwerfung und Gleichschaltung in Frieden leben wollten und die Nordvietnam nicht angegriffen, sondern sich nur verteidigt haben.

Eine ähnliche Misere haben wir im geteilten Deutschland. Das Ende des Zweiten Weltkriegs teilte Deutschland in vier Teile. Ein Teil wurde uns Deutschen als Reparation, die heute niemand mehr aufrechnet, ganz weggenommen, ein zweiter Teil wurde sozialistisch-kommunistisch, dem Ostblock verbündet und von ihm garantiert, ein dritter Teil, unsere Bundesrepublik, wurde ein freier Staat und mit »westlichen« Staaten verbündet, West-Berlin wurde zum vierten Teil. Wir wissen ganz genau, daß wir den Ostteil Deutschlands, den ich »Ostdeutschland« nenne, weder in absehbarer Zeit unserem »Westdeutschland«, noch uns dem sozialistischen Ostblock anschließen wollen.

Mein Vorschlag innerhalb unseres Modells wäre: Als gegeben nehmen, was doch nicht zu ändern ist! Das hochinteressante Experiment beobachten, ob sich bei Menschen gleicher Rasse, Begabung und Kultur das eine oder andere System besser bewähren wird, selbst das uns besser erscheinende, eigene System als Vorbild zeigen, verhindern, daß unsere derzeitige Demokratie ein Klassenkampfsystem bleibt und bald schlechter als das System Ostdeutschlands wird!

Auch hier: Differenzierung, Toleranz, Anerkennung und Koexistenz mit einer anderen Gruppe, Optimieren der eigenen Art und Abwarten, was sich besser bewährt.

Wenn ich eine Wissenschaft vom optimalen Verhalten fordere und an eine optimale Demokratie denke, so kann ich nicht grundsätzlich oder aus Prinzip Antikommunist, Antisozialist oder Antikapitalist oder sonst ein Anti sein, sondern ich muß suchen, welches System für uns Menschen besser ist. Wenn ich sehen würde, daß es allen in einem kommunistischen System besser gehen würde als bei uns, würde ich persönlich dieses System wählen. Zur Zeit halte ich nach allem, was ich beobachten kann, das System der sozialen Marktwirtschaft und den geplanten Volkskapitalismus für das beste. Ich meine jedoch, daß wir gleichzeitig andere Systeme erkunden und, wo sie experimentiert werden, sie gut und mit freundlichen Gefühlen beobachten sollten. Ich meine auch, daß das eine oder andere System nicht für jedes Volk das bessere zu sein braucht.

Auch gehe ich davon aus, daß die Optimierung aller sozialen

Systeme dazu führen wird, daß sie sich angleichen werden. Erste Zeichen einer Angleichung und gegenseitiger Optimierung sind bereits darin zu erblicken, daß auf der einen Seite Sowjetrußland Leistungslöhne und kapitalistische Gepflogenheiten eingeführt hat, um die Rentabilität und den Wohlstand zu heben, und daß auf der anderen Seite kapitalistische Staaten immer mehr das Leistungsprinzip gefährdende soziale Maßnahmen, Gesetze und Strukturen einzurichten im Begriff sind.

In vielen Staaten der Welt können sich Kommunisten und Anhänger der freien Marktwirtschaft nicht einigen, sondern müssen in ständigem Klassenkampf verharren und sich gegenseitig bis zur Wirtschaftsschädigung bekämpfen. Dabei kann keiner seiner Eigenart leben, keiner das von ihm gewünschte System weiterentwickeln. Es kommt bestenfalls nur ein faules Kompromiß-System zustande, das jeden der Partner bzw. Gegner unbefriedigt läßt.

Gelänge es, nach unserem Modell der Gruppenbildung und freien Wahl, eine Auswanderungsmöglichkeit in das Land des gewünschten Systems einzuführen, wäre vieles gewonnen, jeder könnte dann im System seiner Wahl selig werden. Statt dessen sieht man nur das Gegenteil: Haben sich in zwei verschiedenen Landesteilen zwei verschiedene Systeme etabliert, so versucht man, sie wieder unter einen Hut zu bringen. Für die Wiedervereinigung Deutschlands bedeutet das: Kommunisten soll das kapitalistische oder den in freier Wirtschaft Lebenden das kommunistische System aufgezwungen werden.

Gäbe es überall das freie Wählen und Wandern zur gewünschten Gruppe, wären die Wünsche eines jeden erfüllbar, wäre die große Freiheit gegeben und die Gruppe würde von selbst sterben, zu der niemand mehr wandern will. Dabei würde sich aber auch zeigen, daß viele, die stets mit ihrer Gruppe, ihrem System unzufrieden waren, sie haßten, sie sabotierten, andere für besser hielten, doch lieber bei der bisher verschmähten Gruppe blieben. Nur wenige westdeutsche Kommunisten, Linksextremisten und Maoisten wären heute bereit, nach Ostdeutschland, Rußland oder China auszuwandern, um wirklich in dem von ihnen heute vergötterten System zu leben. Das sollte viele darüber nachdenken lassen, wie es mit der Echtheit ihrer Ideale steht und daß ihr ganzer politischer Einsatz nichts als eine nur opponierende, primitiv-aggressive Trotzreaktion ist. Mehr föderalistische Staatenbildung könnte die Entwicklung optimaler Systeme fördern. Ebenso wäre es von Vorteil, wenn einzelne Schulen, Universitäten oder Betriebe reinere Systeme entwickeln und mit ihnen experimentieren würden, Systeme, die in sich geschlossen sind. Unser heute praktiziertes halb sozialistisches halb marktwirtschaftliches System, der ständige Kampf, die ständige Behinderung der Vollendung durch jeweils die andere Partei, die Blockierung jeder Weiterentwicklung und Reform jeweils durch die Opposition, lähmt zu sehr, lähmt vor allem unsere Universitäten. Man sollte das eine oder andere verwirklichen, nicht aber immer nur schlechte Kompromisse eingehen. Man sollte dann vergleichen und sehen, was sich wirklich bewährt.

Törichte Großexperimente

Alles gleichzumachen, allen das Gleiche aufzuzwingen, darin bestehen heute viele Reformen. Kaum fand einer, für die Schüler sei die Mengenlehre nützlich, mußte man sie gleich in allen Schulen einführen. Ebenso verhielt es sich mit der Methode, den ABC-Schützen ganze Worte in der Schrift einzuprägen, ehe sie einzelne Buchstaben gelernt hatten. Zehn Jahre später mußte man erkennen, daß dies psychische Schäden erzeugt. Jetzt will man alle Universitäten zwingen, gleiche Reformen einzuführen. Man streitet sich Jahre lang darum, behindert für viele das Studieren, wirft Geld zum Fenster hinaus, um dann festzustellen, daß das Reformierte schlechter ist als die vorherige Ordnung. Warum experimentiert man nicht in kleinen Gruppen, an einzelnen Universitäten und erprobt erst einmal das Neue, von dessen Erfolg man noch nichts Genaueres weiß?

Auch hier würde Gruppenbildung mehr Freiheit für den Fortschritt schaffen. Großexperimente mit reformerischer Gleichschaltung und der ihnen vorausgehende Kampf blockieren dagegen diese Freiheit. Mutationen und Auslesen, die sich in kleinen Gruppen zu bewähren haben, dienen eher dem Fortschritt.

Warum macht man es nicht wie in der Technik und im Wirtschaftsleben? Dort sieht man dem anderen das Bessere ab und macht es selbst nach. Warum zwingt man in der Technik und im Wirtschaftsleben niemandem das eigene und für besser Gehaltene auf, sondern behält es sogar möglichst lange für sich? Könnte nicht mit der Zeit ein Ausgleich aller Gegensätze entstehen, wenn man sich daran ein Beispiel nehmen würde?

Ist dieser Gedankengang eine Utopie? Oder gilt er vielleicht nur deshalb als Utopie, weil es den Machthabern gar nicht darum geht, anderen Staaten ein besseres System zu schenken, sondern nur darum, sie zu vernichten und ihre Kraft zu zersetzen, um sie beherrschen zu können?

Ein ganzes Volk von einigen Ideologen zu einem Experiment zwingen zu lassen, dessen Ausgang ungewiß ist, muß für dieses Volk schlimme Folgen haben. Bevor unsere Wirtschaft durch ein Großexperiment unübersehbar geschädigt oder gar vernichtet wird, sollten Experimente in kleinen Gruppen und überschaubaren Bereichen angestellt werden.

Experimente für neue Verhaltensweisen sind notwendig. Dazu meint Professor Steinbuch: »Das Beste, was wir mit unserem Kopf leisten können, ist die Produktion wünschenswerter und zugleich realisierbarer Entwürfe.«[6]

Um die Reform wird doch nur gestritten, weil die einen dies, die anderen jenes glauben und keiner weiß, was wirklich besser ist. Nur ein Erproben im Kleinen kann das notwendige Wissen bringen. Oder ist es auch bei den Reformern so, daß es nicht darauf ankommt, z. B. eine bessere Universität zu schaffen, sondern nur darauf, eine Ideologie durchzusetzen oder gar die Universitäten zu lähmen, um der gesamten Wirtschaft zu schaden?! Immer wieder stoßen wir auf diese Frage. Wie anders ist unser zunehmendes Chaos zu erklären?

Ein weiteres Beispiel für ein unvernünftig geplantes Großexperiment ist die vorschulische Erziehung der Drei- bis Sechsjährigen sowie deren antiautoritäre Erziehung. Auch hier ist man dabei, allen etwas aufzuzwingen, was noch unerprobt ist. Auch hier will man aus ideologischen Gründen etwas erzwingen. Eine zweifelsohne richtige Erkenntnis wird dazu mißbraucht: Das kindliche Gehirn und die kindliche Psyche sind im Alter von drei bis sechs Jahren am besten zur Aufnahme von Wissen und Einübung von Verhaltensweisen geeignet. In diesem Alter lassen sich die Lernmotivationen und die Lernfähigkeit am besten und intensivsten bilden. Diese Erkenntnis hilft, die Bildungschancen unserer Jugend und der Menschen einer zukünftigen Gesellschaft sinnvoll zu nützen. Kommen jedoch vorschulerzogene Kinder anschließend in gleichgemachte Schulklassen, geht der ganze mühsam und mit viel Kosten erreichte Effekt bei den so vorentwickelten Kindern wieder verloren. Der Unterricht wird für das bei ihnen geweckte Interesse und ihre Fähigkeiten langweilig und uninteressant. Sie verlernen die Freude am Lernen wieder. Nur wenn alle Kinder Möglichkeit haben, sich nach ihrer Begabung und individuellen Entwicklung zu gruppieren, kann die Vorschule eine positive Wirkung ausüben.

Es wird versäumt, einmal darüber nachzudenken und im Kleinen zu erproben, was man später an den großen, teuren neuen Schuhen und Universitäten durchführen will. Dabei spricht man immer von Freiheit, Entfaltung, Kreativität, hat die Möglichkeit und nutzt sie nicht.

Unser Denkmodell mit den drei Leistungsklassen kann bereits in der Schule verwirklicht werden. Es könnte auch dort Leistungsklassen, Normalklassen und Klassen ohne jedes Leistungsprinzip geben. Auf diese Art würde keiner den anderen behindern. Wer schnell vorankommen will, wählt eine Leistungsklasse. Wer schon in der Kindheit mehr musisch, ruhiger oder verträumter veranlagt ist, entscheidet sich für eine Klasse ohne Leistungsdruck. Hier unterliegt er nicht dem Zwang, sich mit anderen messen zu müssen. Ohne Prüfungen und ohne Noten kann er bestehen, wie es an den von den Anthroposophen betriebenen Waldorfschulen schon lange üblich ist und wie es manche heute für alle fordern.

Auch bei dieser Schulklassen-Einteilung darf es natürlich keine vertikale, sondern nur eine horizontale Gliederung geben. Keine dieser Klassen darf als höher- oder tieferrangig angesehen werden. Nur innerhalb der Klasse oder Gruppe soll und muß es eine Wertung geben.

Doch plant man hierzulande das genaue Gegenteil. In einer integrierten Schule sollen geistig und körperlich behinderte Kinder mit begabteren und wendigeren zusammen in einer Klasse lernen. Damit behindert man die Begabteren. Man will das in

Kauf nehmen, obwohl den Leistungsschwachen damit auch nicht geholfen sein kann. Soll das die neue Humanität und besonders progressiv sein? Es ist Unvernunft, Nivellierung nach unten, Frustrierung der Mehrheit, Behinderung der freien Entfaltung.

Kastengeist und Klassenhaß

In seinem Buch »Die kastenlose Gesellschaft« prangert Wilfried Daim, Dozent am Institut für Politische Psychologie in Wien, den menschlichen Kastengeist an. Auf nicht weniger als 543 Seiten zeigt er immer wieder, daß sich bei unzähligen Versuchen, in den verschiedensten Schichten, Berufen, Typen der Kastengeist zeigt. Daim hält diesen Kastengeist für eine von der kapitalistischen Gesellschaft anerzogene böse Eigenschaft und glaubt, daß sie ausgemerzt werden müsse. Er übersieht dabei nur, daß all seine Analysen und Befragungen gerade beweisen, daß der Kastengeist uns Menschen angeboren ist und daß wir ihn daher niemals ausrotten können. Es ist jedoch möglich, einen entarteten, böse gewordenen, der heutigen Zeit unangepaßten »Kastengeist« in einen guten und brauchbaren Gruppengeist umzubilden. Daims Buch ist lesenswert, weil es entgegen der Absicht des Autors unsere Ansicht bestätigt.

Daim meint: »Für den Christen ist die fundamentale Brüderlichkeit der kastenlosen Gesellschaft unübersehbare evangelische Verpflichtung. Diese Verpflichtung ergibt sich primär aus der frohen Botschaft der gemeinsamen Kindschaft aller gegenüber Gott. Die kastenlose Gesellschaft entspricht ebenso der Natur des Menschen wie dem Geist des geoffenbarten Wortes.«[8]

Unsere Meinung ist dagegen: Der Mensch besitzt einen Gruppengeist (Gruppeninstinkt, Gruppentrieb). Die Veranlagung dazu hat er seit Urzeiten geerbt. Er ist also angeboreninstinktiv ein »Kastenmensch«. Die Gleichmacherei ist ihm zuwider, ist wider seine Natur, frustriert seine elementaren Bedürfnisse. Auch der Gruppentrieb verlangt nach freier Entfaltung. Welch' Irrtum also, ihn unterdrücken zu wollen! Der angeborene Gruppentrieb hat eine biologisch-soziale Aufgabe, für die er sich in der Evolution entwickelt hat. Wie sehr die

Gruppenbildung gerade die große Freiheit und die Persönlichkeitsentfaltung begünstigt, wurde geschildert.

Beim Gruppentrieb muß man, wie zum Beispiel auch beim Besitztrieb, seine elementaren Aufgaben erkennen und ihn nach diesen ausrichten, wenn er vom rechten Weg abzuweichen droht oder sich den heutigen Gegebenheiten nicht anzupassen vermag. Diesem richtigen Erkennen und Ausrichten der elementaren Triebe nach ihrer biologisch-sozialen Aufgabe gelten die Bemühungen unseres Instituts für Elementar-Psychologie und optimales Verhalten. Wir versuchen, die elementaren menschlichen Triebe an die Verhältnisse unserer Zeit anzupassen und sie in ein Verhalten einzugliedern, das allen eine bessere Zukunft verspricht.

Konrad Lorenz behauptete kürzlich in einem Artikel, daß uns ein Fremdenhaß angeboren sei. Wir meinen, daß uns ein Gruppengeist angeboren ist und daß der Fremden- oder Rassenhaß eine Entartung dieses Gruppengeistes darstellt. Man kann elementare angeborene Verhaltensweisen, Triebe und Emotionen nicht beseitigen oder ausrotten. Wenn sie sich jedoch böse auswirken, kann man sie auf positive Ziele umlenken. Dann werden die elementaren Triebe auch nicht frustriert, sondern können sich im Gegenteil in ihrer guten Auswirkung frei entfalten.

Zu den angeborenen Verhaltensweisen gehört auch die Abwehr-Reaktion gegen Eindringlinge in ein Gruppen-Revier. Diese Reaktion erfolgt instinktiv-automatisch, seit hunderttausend Jahren ererbt. Sie kann zu einem Fremdenhaß führen.

Wir kennen diese Reaktionen auch bei Tieren. Wir sehen sie bei fast allen Sippen, Stämmen, vor allem bei afrikanischen Rassen. Wir beobachten sie, wenn Fremde unser Haus oder Grundstück betreten, wenn ein Weißer die Zeltstadt einer Berberfamilie betritt oder sich Gruppenfremde in einen exclusiven Klub begeben. Es ist stets die gleiche angeborene Abwehrreaktion, die dann Emotionen wie Gereiztheit, Ärger bis Wut, Antipathie bis Haß sowie Aggression auslöst.

Eine solche Abwehrreaktion hat nichts mit primärer Antipathie oder Feindschaft zu tun. Menschen können anderen durchaus sympathisch sein. Wollen sie jedoch in das Revier einer Gruppe eindringen, zu der sie nicht passen, so werden sie automatisch als unsympathisch empfunden oder sogar gehaßt.

Auch hier ist es so, daß nicht, was wirklich ist, wirkt, sondern was man sich vorstellt. So können falsche Vorstellungen unnötige Minderwertigkeitskomplexe mit einem dauernden Gefühl der Beschämung aufrechterhalten. Es gilt daher, diese Vorstellungen zu korrigieren oder abzubauen. Die Korrektur beruht auf der Erkenntnis, daß der Wunsch, exklusiv in einer Gruppe zu leben, weder Rassenhaß, Klassenhaß, Generationshaß, noch eine Diskriminierung einer anderen Gruppe, Rasse, Klasse bedeutet. Eine Aufklärung dieser Art kann den Haß vermindern, der durch die vermeintliche Beschämung, Herabsetzung, Diskriminierung oder den Gedanken, einer minderwertigen Klasse zugeteilt zu sein, hervorgerufen wurde. Wer Friede und weniger Haß will, muß ein Eindringen in das Revier einer Fremdgruppe vermeiden.

Gibt es für die meisten Eigenarten, Interessen, Lebenswünsche, Spezialfähigkeiten Gruppen, so ermöglichen diese mehr Solidarität, Wohlwollen und Sympathie unter den Menschen. Damit werden Schranken abgebaut. Zwei Menschen können durch eine Gruppeneinteilung getrennt, durch eine andere vereint sein. Sowohl ein Gammler als auch ein Industriemanager können dem gleichen Tennisklub angehören und dort befreundet sein. Ein Reicher und ein Armer können in einem literarischen Klub für den gleichen Schriftsteller schwärmen und vollkommen ebenbürtige Klubmitglieder sein.

Gruppen bieten neue Freundschaften an, weil sie das Vereinende betonen. Gruppen zeigen, daß es viele Eigenarten des Menschen gibt, die man entfalten kann und die einen Wert darstellen, auf den er stolz sein kann. Durch Gruppenbildung können die bisherigen Klassenfeindschaften, Rassenfeindschaften und Generationsfeindschaften am besten beseitigt oder wenigstens vermindert werden.

Frustrierende Miesmacherei

Die ständige Miesmacherei unserer Klassenkämpfer frustriert unseren Wunsch nach Wohlbefinden. Sie behindert damit eine der wichtigsten Freiheiten, die Freiheit zum Glücklichsein.

Das ersehnte Zeitalter der Menschlichkeit braucht mehr Liebe, Freundschaft, Freundlichkeit, Hoffnung und Zufriedenheit. Die meisten Politiker, Publizisten, Diskutierer, Demonstranten, »Progressive«, die heute große Worte über eine bessere Zukunft machen, tun nichts dazu, diese guten, glückbringenden, gesunden, positiven, erfreulichen Emotionen zu mehren. Sie sind im Gegenteil Miesmacher der schlimmsten Art. Sie machen alles schlecht und erzeugen Haß, Feindschaft, Schuldgefühle, Unzufriedenheit, Depression. Sie sind Verbrecher an der Menschlichkeit, weil sie absichtlich unzufrieden, neidisch, hassend, depressiv machen.

Analysieren wir ihr Verhalten, so finden wir: eine falsch verstandene Demokratie. Da auch Kritik zur Demokratie gehört, glaubt man, mit viel Kritik besonders demokratisch zu sein.

- Man kritisiert, weil man zum Bessermachen unfähig ist.
- Man setzt andere herab, weil man damit seine eigene Geltung heben kann.
- Man schiebt anderen die Schuld zu, um von der eigenen Unfähigkeit abzulenken.
- Man schürt Unzufriedenheit und Haß, um einen politischen Gegner schlechtzumachen, ein System zu stürzen oder Wähler damit zu gewinnen.
- Man äußert Haß, weil man selbst neidisch, unzufrieden, feindselig ist.
- Publizisten halten schlimme Ereignisse eher für eine Sensation als positive, erfreuliche Taten.
- Aggression ist große Mode.
- Weil Freud lehrte, daß die menschlichen Grundtriebe nur Sex und Aggression verlangen, werden wir fast ausschließlich mit Sex und Aggressionen gefüttert.

Die Aufzählung dieser neun psychologischen Gründe der großen Miesmacherei zeigt, daß sie keineswegs notwendig ist. Die Vergifter unserer geistigen Umwelt folgen, bewußt oder aus Nachlässigkeit, aus Dummheit oder sturem Egoismus Parolen wie: »Haß gegen alles Bestehende«, »herauszufinden, bis zu welcher Grenze sich das Publikum provozieren läßt«, »wir sind die Miesmacher des Abendlandes«, »allenthalben werden wir die Keime der Verwirrung und des Unbehagens wecken«, »vor allem müssen die Menschen zur Verzweiflung an sich selbst und der Gesellschaftsordnung gebracht werden«.

Unser Denkmodell fordert ein dem Miesmachen genau entgegengesetztes Verhalten:
- Statt andere schlechtmachen: das eigene Positive und Bessere herausstellen!
- Statt Schlechtes, Aggressives, Deprimierendes, Verbrecherisches vorwiegend Gutes, Freundschaftliches, Hoffnung Weckendes, Positives, Aufbauendes publizieren!
- Statt die Schuld anderen zuschieben: die wahre sachliche Ursache eines Elends oder Unvermögens aufzeigen und bekämpfen!
- Statt andere herabsetzen: die eigene Geltung durch eigene Taten oder eigene bessere Vorschläge anheben!
- Statt den Gegner kritisieren: bei Wahlen eigene bessere Alternativen zeigen!

Nur so kann in das Bewußtsein der Bürger wieder Hoffnung, Zufriedenheit, Liebe, Zuneigung, Sympathie, Achtung, Bewunderung kommen.

Dasselbe gilt für das Verhalten der Menschen untereinander und für das Verhalten in und zwischen den Klassen und Gruppen unseres Denkmodells. Warum soll diese radikale Wendung in unserer Vorstellungswelt nicht möglich sein? Ist unser psychisches Wohlbefinden nicht ebenso wichtig wie unser materieller Wohlstand? Ist es nicht sogar wichtiger, wo doch der materielle Wohlstand bereits gesichert ist? Würde ein solches Verfahren nicht Besseres eher finden lassen, als wenn man nur überall das Schlechte sucht?!

Soll es nur Diktaturen vorbehalten sein, Miesmachen zu verbieten und Positives zu feiern? Die Demokratie versäumt viel, wenn sie das Herausstellen des Positiven den Diktaturen überläßt und für sich selbst nur das Herausstellen des Negativen übt.

Man spricht heute so viel von Lebensqualität und von der Umweltvergiftung. Man sollte daran gehen, die geistige Lebensqualität zu heben und die geistige Umwelt zu entgiften.

Freiheit und Strafe

Heute glauben viele, Freiheit sei alles. Einerseits opfert man dieser Freiheit, die oft nur irgend eine politische Scheinfreiheit ist, den Wohlstand, den Frieden, die Ordnung. Andererseits kennt man nichts anderes als den Freiheitsentzug, um Verbrechen, Vergehen, Kriminalität, Gesetzesverletzungen zu bestrafen oder zu sühnen. Dieser Widerspruch zeugt nicht gerade von besonderer Klugheit unserer Gesetzesgeber und unserer Soziologen. Die Elementar-Psychologie kann zeigen, daß dem Menschen mehr als dreißig elementare Bedürfnisse angeboren sind. Allein eines davon, das Bedürfnis nach Freiheit, wählt man zur Strafe aus. Zur strafenden und abschreckenden Unlustbereitung durch Einsperren wird viel Geld und Personal aufgewandt. Dabei weiß man, daß durch das Einsperren kaum einer gebessert werden kann.

Dazu kommt als weiterer Widerspruch, daß man einerseits mit Freiheitsentzug straft, andererseits diese Strafe durch viele neue Vergünstigungen, wie Fernsehen, ja sogar Urlaube, wieder mildert. Man nennt es eine progressive Humanität. Eine Illustrierte fand es sogar inhuman, daß man Häftlingen jahrelang die sexuelle Liebe entzieht.

Natürlich muß man Mörder, rückfällige Einbrecher, gemeingefährliche und gewalttätige Verbrecher einsperren, um andere vor ihnen zu schützen. Wenn man aber Betrüger, Diebe, Kuppler, Abtreiber, ja sogar Autofahrer, die durch Trunkenheit einen Unfall verursachten, Monate oder Jahre auf Kosten der Steuerzahler einsperrt und damit auch deren Arbeitskraft der Wirtschaft entzieht, so ist das geradezu idiotisch und ein Überbleibsel aus Zeiten, wo man noch Schuldner in den Schuldturm warf, in dem sie kaum das Geld zur Schuldentilgung verdienen konnten. Es ist nicht viel klüger als das 1973 in Libyen wieder in Kraft gesetzte Gesetz, wonach Dieben die Hand abgehackt wird. Es gäbe viel vernünftigere Methoden zu strafen, abzuschrecken und vor allem wiedergutmachen zu lassen. Warum straft man nur mit Beschränkung des Freiheitsbedürfnisses anstatt mit Beschränkung anderer Bedürfnisse?

Auch Bequemlichkeit ist ein Bedürfnis, Urlaub und Freizeit sind ein Bedürfnis, Geldverdienen ist ein Bedürfnis. Warum läßt man Straffällige nicht in der Freizeit, im Urlaub, an Wochenenden arbeiten und sich anstrengen, damit sie wiedergutmachen können, was sie angerichtet haben? Zehn Sonntage, hundert Wochenenden, ein Jahr täglich 2 Stunden in der Freizeit arbeiten zu müssen, wären sinnvollere Strafen als eine entsprechend lange Haft. Dabei könnten die Straffälligen notwendige unangenehme Arbeiten verrichten.

Wiedergutmachen, was man verbrochen hat, und zwar durch Geldopfer, Anstrengung und Zeitaufwand in der heute reichlich bemessenen Freizeit – das wäre eine bessere Erziehung als Einsperren, das nur Haß und Rachegefühle auslöst und kaum den Charakter bessert. Arbeitskräfte für vieles, was getan werden muß – zum Beispiel zur Beseitigung von Umweltschmutz –, brauchen wir dringend, unnütze Gefängnisse jedoch nicht.

Leichte Vergehen könnten mit Zahlungen, Krankenpflege, Nachtdienste u. ä. wieder-gut-gemacht werden. Einsperren ist nicht weniger gesundheitsschädlich als einige zusätzliche Anstrengungen, wie sie noch vor wenigen Jahrzehnten üblich waren. Freizeitentzug wäre ein einfacherer und billigerer Freiheitsentzug.

Eine Hauptstrafe beim Eingesperrtsein ist die quälende Langeweile im Gefängnis. Gerade diese jedoch versucht man heute durch Unterhaltung der Gefangenen zu lindern. Warum sperrt man sie stattdessen nicht ohne solche Vergünstigungen nur halb so lange ein? Die progressiven Vergünstigungen sind im Grunde nichts anderes als ein Erlaß von Strafe. Ein Wiedergutmachen an bestimmten Arbeitsstellen in der Freizeit wäre ebenso einfach zu überwachen wie die Anwesenheitskontrolle in jeder Fabrik. Aber man sperrt mit großem Aufwand ein, weil man unfähig ist, über andere Möglichkeiten nachzudenken. Auch hier könnte man das Neue erst einmal in einzelnen Experimenten erproben.

»Ich muß wieder gut machen, was ich verbrochen habe«, wäre eine bessere Einsicht als die übliche Rechnung »Ich muß noch zwei Jahre eingesperrt bleiben, dann kann ich mich rächen«.

Ein Autofahrer zum Beispiel, der fahrlässig einen Menschen totgefahren hat, könnte durch Pflegearbeit in einem Unfallkrankenhaus zu der Einsicht gelangen, daß Leichtsinn verwerflich ist. Bei guter Arbeit und altruistischer Einstellung könnte ihm dann ein Teil seiner Strafe erlassen werden.

Die Freiheitsstrafe ist die ungerechteste Strafe, die man sich denken kann; denn sie straft verschiedene Menschen auf ganz verschiedene Weise. Wer eine häßliche Umgebung gewohnt ist, dem machen Gefängniszellen nur wenig Unbehagen. Dem Bequemen kann die Strafe sogar Freiheit von unangenehmer Arbeit bedeuten. Wer kein Tätigkeitsmensch ist, leidet nicht so sehr unter der aufgezwungenen Langeweile. Wessen Sexualtrieb schwach ist, vermißt die Liebe nicht. Ein Feinschmecker leidet ganz anders unter der Gefängniskost als ein Mensch, der nicht viel anderes gewohnt ist. Wer nicht zu Hause bei seinen Lieben sein kann, fühlt mehr Schmerz, als wer keine geliebten Menschen kennt. Eine gleiche Freiheitsstrafe verursacht dem einen schlimmstes Leid, dem anderen macht sie nicht viel aus. Welcher Richter hat schon darüber nachgedacht, wie qualitativ verschieden die Freiheitsstrafen sein können?! Daß sie keine Besserung bringen, weiß man schon lange.

Die Grenzen der Freiheit

Jede Freiheit hat ihre Grenzen. Sie zu überschreiten, würde die große Freiheit vermindern. Wenn ein strenger Vater seinen Kindern den Genuß von Drogen verbietet, schenkt er ihnen mehr Freiheit als ein »progressiver« Vater, der es zuläßt, daß seine Söhne und Töchter sich dem Drogenrausch hingeben und über kurz oder lang Sklaven ihrer Sucht und von Krankheit und Siechtum befallen werden.

Was nützt die Freiheit, studieren zu dürfen, was man will, wenn für das studierte Fach nicht genügend Bedarf an Arbeitskräften besteht und daher keine Entfaltung im Beruf möglich wird? Was nützt die Freiheit des Streikens, wenn die Wirtschaft daran – wie in England und Italien – zugrunde geht? Was nützt Schwarzen die Freiheit der eigenen Parlamentswahl einschließlich der Enteignung der Weißen, wenn sie daraufhin in die Unfreiheit der Armut geraten? Kleine Freiheiten können die große Freiheit gefährden, so wie im Leben oft die schnelle Befriedigung primitiver Bedürfnisse das Erreichen großer

Wunschziele verhindert.

Die Ausgangsfrage unserer Wissenschaft vom optimalen Verhalten lautet: Was ermöglicht mehr Freiheit – heute und in der Zukunft?

Das von allen Experten für das Jahr 2000 erwartete Anwachsen der Weltbevölkerung auf sieben Milliarden wird die Freiheit der Menschen erheblich beschränken. Bevor diese sieben Milliarden Menschen – und bald schon sollen es zehn und zwanzig Milliarden sein – den derzeitigen Wohlstand des deutschen Arbeiters erreicht haben werden, wie es die Gleichmacher verlangen, werden sie alle in ihrem eigenen Unrat erstickt sein. Oder sie werden ein durch Aggressionen, Mangel an Sauerstoff und krankmachende Nahrung bestimmtes Leben fristen, das nicht mehr lebenswert ist. Sie werden alle erbkrank und neurotisch sein und sich selbst das Leben nehmen wollen. So wird die große Freiheit von der menschlichen Unvernunft beschränkt.

Neben der Dummheit und Unvernunft bilden unser bürokratischer Starrsinn und unser Mangel an Nachdenken die größte Freiheitsbeschränkung. Man denke nur an den Starrsinn und die Erfindungsarmut unserer politischen Parteien, die seit Jahrzehnten in ihren engen Ideologien festgefahren sind. Oder an die Gewerkschaften, die in Deutschland anscheinend nur Lohnerhöhungen und eine »manipulierte Unzufriedenheit« anstreben und nicht eine wirklich bessere Zukunft für die von ihnen betreuten Arbeitnehmer.

Die Umweltverschmutzung und die Grenzen des Wachstums beginnen der zivilisierten Menschheit bewußt zu werden. Doch dem Zeitgeist entsprechend wird dieses neue Bewußtsein sogleich auch schon von den »Systemüberwindern« als neues Mittel für den Klassenkampf eingesetzt. Die kapitalistische Industrie wird beschuldigt, unsere Luft zu verpesten und unsere Flüsse zu verschmutzen, als ob aus sozialistischen Fabrikschloten keine Abgase entwichen und aus sozialistischen Dränagen kein Dreckwasser käme.

Die industrielle Produktion wird vom Konsumenten gesteuert. Die Nachfrage nach Waren, besonders Autos, hat die überstarke Umweltverschmutzung bewirkt und mangelnde Voraussicht der Politiker und Gesetzesgeber hat sie nicht rechtzeitig verhindert. Man braucht weder die Produktion als solche und damit die Arbeitsplätze und Verdienstmöglichkeiten, noch den Wohlstand der Bürger einzuschränken, um unserer Umweltverschmutzung und -vergiftung Herr zu werden. Auch hier ist nur ein wenig mehr Nachdenken nötig, ein wenig mehr Voraussicht und ein bißchen weniger Dogma und veraltete Ideologie. Mehr Planen und Aufzeigen von Alternativen vermag der unnötigen und die Umwelt verschmutzenden maßlosen Verschwendung Einhalt zu gebieten, die zudem in erheblichem Maße das Reicherwerden der Armen und der Masse der Arbeitnehmer hemmt.

Es gibt doch ein einfaches Rezept zur Verhinderung unserer Umweltverschmutzung, ein Rezept, das zudem auch die noch Armen reicher werden läßt: Qualität statt Quantität. Da und dort spricht man schon davon. Doch unternommen wird nichts.

Der Umstellung »Qualität statt Quantität« muß eine Umstellung der Nachfrage vorausgehen. Die Industrie produziert, was verlangt wird. Auch hier spielt die Freiheit eine Rolle und kann es Grenzen der Freiheit geben, die durch die Vernunft gesteckt werden sollten.

Nicht nur Waren, Wohnungen, Möbel, Gebrauchsgegenstände und Autos sollten mehr Qualität aufweisen. Auch die Industrieanlagen selbst sollten schöner und menschenfreundlicher gestaltet werden. Das würde einerseits zwar mehr Arbeitsaufwand und Kosten bedeuten, andererseits jedoch nicht nur die Gefahr der Umweltverschmutzung, sondern auch die der Wirtschaftsschrumpfung bannen. Vor allem aber würde jedem Arbeiter schon während der Arbeit mehr Freude und damit mehr Lebensqualität beschert.

Wenn man nur endlich einmal begreifen würde, daß man menschliche Zusammenarbeit und menschliches Zusammenleben ebenso planen muß wie man technische Vorhaben plant. Die technische Entwicklung ist der »menschlichen« doch nur deshalb soweit vorausgeeilt, weil man dabei ohne Dogmen, Tabus und Unvernunft mit wissenschaftlichen Methoden gedacht und vorgeplant hat. Die Elementar-Psychologie ermöglicht es, auch im menschlichen Bereich naturwissenschaftlich, das heißt, exakt und klar zu denken, weil sie die Emotionen und elementaren Bedürfnisse der Menschen als natürliche Realitäten sieht, mit denen man rechnen kann und rechnen muß. Die Technik und die mit ihr geschaffene Zivilisation haben Waren in großer Variationsbreite erzeugt. Das Erkennen psychischer Realitäten und Kräfte kann neue Verhaltensweisen und Wunscherfüllungen ermöglichen, die heute noch ebenso unvorstellbar sind wie einst das Auto oder das Fernsehen. Die Kenntnisse dazu haben bislang einfach gefehlt. Bei der Arbeit können zum Beispiel über dreißig elementare Bedürfnisse des Menschen positiv oder negativ, lustvoll oder unlustvoll angesprochen werden. Nur wer sie kennt, kann Arbeitsplätze und Arbeiten optimal gestalten.

Neue Variationen von Verhaltensweisen werden uns neue Freiheiten bescheren und uns damit aufzeigen, was uns die große Freiheit bedeuten kann.

Das Wesen der inneren Freiheit

Wer im Leben wirklich frei sein will, sollte sich klarmachen, daß es vor allem an ihm selbst liegt, wieviel Freiheit er fühlen und damit erleben kann.

Frei und zugleich zufrieden fühlt sich, wer erreichen kann, was er will. Wer nach diesem Satz handelt, kann sich immer frei fühlen. Frei und zufrieden fühlt sich, wer erreichen will, was er erreichen kann.

Wer nicht gerade das anstrebt, was besonders schwer erreicht und leicht behindert werden kann, muß sich auch weniger ärgern. Er wird weniger aggressiv sein, denn Aggressionen sind zur Wut gesteigerter Ärger, hervorgerufen durch frustriertes Streben. Der wahre Lebenskünstler wird sich nach dieser Erkenntnis richten und daher selten gereizt, wütend, aggressiv und bösartig, dafür viel glücklicher und zufriedener sein.

Etwas erreichen und erstreben wollen, das liegt weitgehend in der Hand des Einzelnen. Damit hat er auch die Chance, sein Leben nicht nur zu mehr Zufriedenheit, sondern auch zu mehr Freiheit zu steuern. Durch Erziehung und Selbsterziehung kann er diese Kunst erwerben. Heute werden die meisten zum genauen Gegenteil erzogen, weil der manipulierte »progressive« Zeitgeist sie mit voller Absicht Frustration, Unzufriedenheit und Unfreiheit fühlen lassen will.

Da es unendlich viele Variationen des Erreichbaren und Erstrebenswerten gibt, dürfte jeder Normalmensch, wenn er nicht gerade im Elend, im Gefängnis oder einem Zwangsarbeitslager lebt, das für sich passende Ziel selbst finden können. Nur der Unvernünftige will gerade immer das, was er nicht haben und erreichen kann. Er muß seine Unvernunft mit viel Unlust im Leben bezahlen.

»Frei ist und fühlt sich auch, wer erreichen will, was er soll«, schrieb der sowjetische Chefideologe und Philosoph Tugarinow und: »Im Sowjetreich fühlen sich alle Menschen frei, weil sie für den Kommunismus arbeiten und auch in der Freizeit kämpfen wollen.«[9] Wollten auch wir uns in unserem freiheitlichen Staatssystem auf ähnliche Weise frei fühlen, könnten wir glücklicher sein.

Die große Freiheit, wie sie unsere Studie verheißt und als möglich aufweist, kann, wie bereits erwähnt, einzig durch die »Notwendigkeit« eingeschränkt werden. Man muß arbeiten, um zu leben, darf nicht stehlen, um anderen nicht zu schaden, nicht jederzeit gerade das tun, wonach einen gelüstet. Wer Kinder antiautoritär dazu erzieht, stets sofort ihre Gelüste zu befriedigen, macht ihnen das spätere Leben schwer, denn trotz der großen allgemeinen, noch nie dagewesenen Freiheit müssen sie später unter der Beschränkung ihrer Freiheit durch die Notwendigkeiten des Lebens leiden. Sie fühlen sich dann unfrei und ständig frustriert. Sie werden zu Sklaven ihrer eigenen primitiven Bedürfnisse und ihrer anerzogenen Ungeduld.

Man ist um so freier, je höhere Bedürfnisse man befriedigen kann. Die große Freiheit braucht Qualität und nicht Quantität.

Es gibt primitive und kultivierte, niedere und höhere Freiheiten. Oft ist es so, daß man eine primitive Freiheit einschränken muß, um eine höhere, bessere zu gewinnen. Jeder Mensch sollte sich klar darüber werden, welche Arten der Freiheit er für sich gewinnen will. Nur Freiheit rufen, ohne zu wissen, welche Freiheit man meint, ist dummes Geschrei.

Es gibt so vieles, das man haben, erreichen, erlernen, ausleben kann – heute schon. Es wird um so wertvoller, je mehr man es kultiviert. Damit kommen wir wieder auf das Grundthema »Differenzierung und Gruppenbildung« zurück. Nur in und mit einer Gruppe, durch ihre Vorarbeit und ihr Vorbild erreicht man hohe Werte und jene kultivierte und hochwertige Freiheit, die volle Entfaltung der Persönlichkeit (Individualität) und hohen Lebensgenuß ermöglicht.

Differenzierung, Auslese, Arbeitsteilung und friedliches Zusammenwirken, das ist der Weg nach oben, der Weg in eine bessere Zukunft. Demokratie ist Wahlmöglichkeit. Auch Freiheit ist Wahlmöglichkeit. Wir müssen uns bemühen, unsere Demokratie und unsere Freiheit optimal zu gestalten.

Große Freiheit ist vorhanden, wenn jeder für sein Leben viele Wahlmöglichkeiten sehen kann. Diese Freiheit ist heute und bei uns im Westen größer als je und als anderswo. Wenn wir vorhandene Werte bewahren und sie zusätzlich kultivieren, wird sie noch größer.

Wir rufen die für die Freiheit revoltierende Jugend auf, zu unserem Denkmodell Stellung zu nehmen und zu sagen, ob sie diese oder eine andere Freiheit meint. Wenn ja, soll sie ein eigenes, besseres Modell zeigen, das durchgeführt werden kann. Wenn sie die Freiheit so liebt, wie sie vorgibt und wie sie die vermeintlichen Frustrierer ihrer Freiheit haßt, dann muß sie auch sagen, welche Freiheit sie wünscht und wie sie diese verwirklichen will, wenn sie die Gesellschaft nach ihrem Wunsch verändert hat.

Die geistige Evolution

Freiheit, Leistung und Ordnung einer Gesellschaft müssen, soll es eine bessere Zukunft geben, etwas ermöglichen, das am besten mit dem Wort Evolution bezeichnet wird. Jede Reform, jede Revolution, ja alles politische, soziale oder ethische Bemühen hat nur einen Sinn, wenn es der Evolution, die Fortschritt im guten Sinne ist, dient. Evolution ist Aufwärtsentwicklung.

Durch Evolution ist der Mensch aus tierischen Urformen entstanden, ist Geist, Zivilisation, Kultur auf die Erde gekommen.

Evolution ist, was man erst aus dem folgenden begreifen kann, Vervollkommnung aus dem Wort heraus. Unsere Studien wollen ebenfalls dieser Vervollkommnung aus dem Wort heraus dienen. Sie wollen daher Worte untersuchen, prägen und umprägen helfen, die als Thesen und Informationen für die Evolution unserer Gesellschaft wichtig und für die Zukunft entscheidend sind.

Erst in der zweiten Hälfte des zwanzigsten Jahrhunderts hat man das Geheimnis des Lebens entdeckt. Noch vor zwanzig Jahren wußte man nicht, wie ein Samenkorn einen Baum, der Samen eines Menschen einen wohlgeordneten Staat von Billionen Zellen bilden kann. Nun weiß man es. Der ganze Bauplan der Lebewesen und alle Betriebsanordnungen für das Funktionieren ihrer Zellen und Organe sind in einer Schrift niedergelegt, die beim Menschen mehr als zwei Milliarden Worte enthält. Was in normaler Schrift einen ganzen Bibliothekraum mit 2000 Bänden füllen würde, ist im Samen des Menschen und in jeder Zelle als Kopie im Bruchteil eines Kubikmillimeters in einer Mikroschrift, der Urschrift des Lebens, aufbewahrt. Mit dem 500 000-fach vergrößernden Elektronenmikroskop kann man sie sehen.

Diese Schrift mit allen Informationen für die Gestalt, die Lebensfunktionen, den Charakter der Menschen und aller Lebewesen wird, millionenfach exakt kopiert, jeder neuen Zelle und mit den Genen der Erbmasse an die nächste Generation weitergegeben, wobei den Kindern die Hälfte von der Mutter, die andere Hälfte vom Vater zugeteilt wird.

Das Interessante und Neue an dieser Entdeckung ist, daß auch im biologischen Bereich gilt: »Am Anfang war das Wort«. Am Anfang allen Lebens steht eine schriftliche Information.

Die Lebewesen haben sich im Laufe von Jahrmillionen durch Mutation dieser Informationsschrift und durch Auslese weiterentwickelt. Unbrauchbares, Unzweckmäßiges, nicht Lebensfähiges ist durch die Auslese verschwunden, Neues, Besseres, der Natur Angepaßtes entstanden. Dieser Vorgang ist heute jedem, der sich mit Biologie beschäftigt hat, bekannt.

Hier soll gezeigt werden, daß es neben dieser biologischen Evolution heute noch eine zweite Evolution gibt, nämlich eine Evolution des Geistes, und daß diese Evolution auf die gleiche Weise wie die biologische vor sich geht: durch Mutationen und Auslese schriftlicher Informationen.

Tiere leben zum größten Teil instinktiv. Die Instinkte sind ihnen in der Erbmasse angeboren. Bei höheren Tieren kommt etwas hinzu, das neben den Instinkten in bezug auf ihr Verhalten wirksam wird, eine Übertragung von Erfahrung, ein Wissen, Lehren und Lernen. Bei Tieren war es mehr ein Lernen durch Zeigen und Nachahmung. Der Mensch konnte sein Wissen mittels der Sprache weitergeben. Mit Hilfe der Schrift wurde das noch besser möglich.

Nach der Erfindung der Buchdruckerei wurde dieser Vorgang vervielfacht. Es entstand das Einzigartige, daß der Mensch Geistwesen produzierte. Mit der Schrift konnten diese nach außen verlagert und selbständig werden. Nur ein Teil dieser Wesen befindet sich im Gedächtnis einzelner Menschen und ist deren Geist oder ihr Wissen. Die meisten dieser Wesen ruhen in Bibliotheken, Patentämtern, in den Büros der Fabriken und Architekten, bis Menschen sie herausholen und diese Informationen vermaterialisieren, d. h. in Bauten, Arbeitsanweisungen, Verhaltensweisen, Gesetze, wirtschaftliche Strukturen verwandeln.

Man sagte immer, der Mensch bestehe aus Körper und Geist. Man dachte sich dabei den Geist als eine Art Gespenst, das im Gehirn oder sonstwo herumschwebt. Es ist anders: der Mensch produziert geistige Wesen, die so etwas wie ein selbständiges Eigenleben führen können, jedoch nur wieder durch Menschen lebendig und als Geistkräfte wirksam werden. Eine Geistmasse kann irgendwo, Jahrhunderte lang, ruhen, bis sie irgendwann und von irgendwem wieder zum Leben erweckt wird.

Dieser Geist wird zur Kultur, zum Zeitgeist, zu Wesen, die sich immer wieder vermaterialisieren, vermehren, irgendwo auf der Welt auftauchen und etwas bewirken. Die Information der Pulvergewinnung ließ da und dort schießen. Die Idee des Kommunismus macht Weltrevolution. Die einmal gefundene Formel der Atomkraft läßt Kraftwerke entstehen und wurde für einige Staaten zur Grundlage ihrer Macht.

Diese Geistwesen sind von ihrem Erzeuger unabhängig geworden. Sie schlafen, bis jemand kommt, sie verwertet oder aus ihnen Neues kombiniert, neue Ideen, Erfindungen schafft, die Mutationen für eine weitere Evolution des Geistes werden. Menschen sind es auch, die diese Mutationen der notwendigen Auslese unterwerfen, einer Auslese durch ihre Verstandesfunktionen Logik und Vernunft, durch die Kritik und durch Bewährungsproben im Experiment, in dem sich zeigen muß, ob etwas wirklich so geht, wie es sich ein Mensch ausgedacht hat.

Die biologische Schrift enthält die wirksamen, zur Durchführung zwingenden Informationsworte für die Zusammenarbeit der Zellen in jedem lebenden Organismus. Unsere Geistschrift kann die Informationen und zwingenden Befehle für das Zusammenleben gesellschaftlicher Organismen liefern. Wir müssen erkennen, daß es sich hierbei um das im Prinzip Gleiche handelt.

Die geistige Evolution, die Grundlage unserer Zukunft ist, schreitet um so besser und schneller weiter, je mehr gute Mutationen in der Form von Ideen, Thesen, Erfindungen entstehen und je besser diese einer guten Auslese unterworfen werden. Bei der Technik hat beides vorzüglich funktioniert. Bei der Schaffung gesellschaftlicher Strukturen war dieser Vorgang höchst mangelhaft. Es fehlte sowohl an guten Ideen als auch am Verständnis für die notwendige Auslese durch die Logik, die Vernunft und Experimente.

Bekenntnis zur Demokratie

Diese Studie handelt von der großen Freiheit der Menschen. Die größte und wichtigste Freiheit, die man noch kaum begriffen hat, ist die Freiheit für die beschriebene geistige Evolution.

Für diese müssen Ideen frei erzeugt und frei kritisiert werden können. Das beste Forum für eine solche Freiheit ist die Demokratie, weil in ihr beides erlaubt und möglich ist. Politische, soziale und gesellschaftliche Ideen, die ja Mutationen der Geistwesen, Informationen und Anweisungen für das gesunde Funktionieren und Zusammenwirken gesellschaftlicher Organismen sind, können von jedermann erzeugt und publiziert, aber auch von jedermann kritisiert werden. Je mehr geistig potente Menschen sich an beidem beteiligen, desto besser kann die geistige Evolution auf allen Gebieten der Politik und Kultur fortschreiten. Unsere Frage ist, warum sie trotz der demokratischen Freiheiten so wenig wirklich vorankommt und warum unsere gesellschaftlichen Strukturen noch so weit von einem

Optimum entfernt sind. Denken wir doch nur an den Lehrbetrieb und das Lernen auf unseren hochdemokratisierten Universitäten, wo die geistige Elite unserer Nation ein so jämmerliches Beispiel gibt. Oder denken wir an England und Italien in den Jahren 1973/74, wo man mit Demokratie ein Chaos erzeugt, die Wirtschaft ruiniert und sich als Partner in Europa weit weniger geeignet erwiesen hat als Griechenland und Spanien, die man wegen fehlender Demokratie nicht aufnehmen will.

Für eine optimale geistige Evolution und eine optimale Freiheit wäre es notwendig, daß der einzelne Bürger jede Idee, die für eine politische Realisierung im Parlament oder sonstwo vorgebracht wird, frei wählen kann, d. h. daß ihm jede Reformidee zur Wahl vorgelegt wird, und er nicht, wie heute, gezwungen wird, das eine oder andere Parteipaket zu wählen, in dem neben ihm zusagende ihm auch nicht zusagende Reformvorschläge enthalten sind. Damit ist die Freiheit der Wahl beschränkt, die geistige Evolution frustriert, der Fortschritt behindert. 1974 müssen zum Beispiel alle Frauen, die frei entscheiden wollen, ob sie ein Kind haben wollen oder nicht, die rote Koalition und damit die Sozialisierung mitwählen. Das ist keine gute Demokratie.

Für eine optimale geistige Evolution, Freiheit und Demokratie wäre zudem eine optimale Aufklärung über die Folgen jeder Entscheidung notwendig. Analphabeten können nicht mit Vernunft eine Regierung in Afrika wählen, Putzfrauen in der Universität und Studenten der ersten Semester können nicht entscheiden, welcher Professor einen Lehrstuhl übernehmen soll. Bürger können nicht über neue Gesetze entscheiden, wenn sie nicht ausreichend und exakt über deren mögliche und wahrscheinliche Auswirkungen informiert sind. Diese Information ist heute äußerst mangelhaft, obwohl sowohl die befürwortende als auch die ablehnende Partei die Möglichkeit zur positiven oder kritischen Aufklärung hat. Es gibt keine Freiheit der Entscheidung, wenn die Aufklärung mangelhaft oder nur einseitig war.

Wo bleibt die Freiheit der Berufswahl, wenn auch hier eine Aufklärung über alle Vor- und Nachteile in der Schule fehlt? Wo bleibt die Freiheit der persönlichen Entfaltung, wenn die meisten nie etwas darüber erfahren, was überhaupt entfaltet werden kann? Zur Freiheit gehört Wissen, zur großen Freiheit der Erwerb eines angemessenen Wissens. Man will Freiheit, vergißt jedoch diese Voraussetzung. Ich frage mich oft, warum man mit soviel Aufwand den Kindern in der Schule das Lesen lehrt, wenn die meisten später doch nur Kriminalromane lesen und kein anderes Buch.

Wenn zeitweise keine demokratischen Institutionen als Forum für eine freie und geistige Evolution vorhanden sind, gibt es andere Plätze, die als Sitz einem solchen Forum dienen können. Jeder kann seine Idee publizieren und jeder kann seine Kritik dazu äußern. Von dieser Möglichkeit wird viel zu wenig Gebrauch gemacht. Einige Zeitungen und Zeitschriften bieten zu dem Zweck die Rubrik »Leserbriefe« an. Wer wirklich etwas zu sagen hat, und es ausreichend verständlich, mit Fachkenntnis geschrieben, interessant und faszinierend darzustellen vermag, wird immer auch einen Verleger finden, der es als ein Buch oder eine kleine Broschüre publiziert. Der geistigen Freiheit und geistigen Evolution sind in unserer Demokratie keine Grenzen gesetzt. Eine Grenze ist da, wo die geistige Impotenz beginnt.

Gerade da, wo wir heute bessere Ideen brauchen, im sozialen Bereich, wo es um das Zusammenwirken der Menschen, um die Anpassung der Arbeit oder der Technik an die Emotionen der Psyche geht, wo Unzufriedenheit zu einer allgemeinen Zufriedenheit verwandelt werden soll, da versagen die Geister. Unsere Studien wollen die Anregung geben, auf diesen Gebieten tätiger zu werden.

Die große Freiheit, die wir verheißen, braucht nicht nur den freiheitlichen und einen optimalen demokratischen Spielraum, sondern, wie schon gesagt, viel Wissen über alle Möglichkeiten und auch eine Begabung, diese Möglichkeiten nützen zu können.

Die große Freiheit benötigt kultivierte Entwicklung. Sie bietet nicht nur Rechte, sondern verlangt auch Pflichten. Wer heute nur Rechte fordert und dazu »Freiheit« ruft, jedoch keine Pflichten und keine Verantwortung übernimmt, ist für die große Freiheit nicht geeignet und ihrer nicht würdig.

Freiheit ist für den Fortschritt notwendig. Ein echter Fortschritt braucht Freiheit und Leistung, braucht Differenzierung und Auslese. Ein geistiger und sozialer Fortschritt braucht den freien Wettbewerb der Ideen, braucht eine wirkliche Demokratie, nicht eine Scheindemokratie, die nur Klassenkampf ist; ihn hindert einseitige Bewußtseinsbildung, Verdummung der Massen durch Phrasen und durch alte und neue Dogmen und Tabus, aber auch ein Fortfahren im starren Zweiparteien-System ohne neue Alternativen.

Was uns not tut, ist ein neues Denken, sind neue Modelle sozialer Gestaltung. Man muß herausarbeiten, was sich bewährt hat und was nicht, muß das Bewährte erhalten, das Nichtbewährte durch Besseres ersetzen. Auch für das Experimentieren mit neuen Modellen ist eine Differenzierung in Gruppen notwendig. Nur Gruppen können zu Trägern einer Ideen-Mutation werden und die notwendigen Experimente durchführen. Die Freiheit wird so zur Voraussetzung der Höherentwicklung. Auch hier also Differenzierung und Gruppenbildung zum Aufstieg, während jede Gleichmacherei und jede Unfreiheit zum Niedergang führt.

Freiheit ist nicht Selbstzweck. Man darf nie vergessen, daß das zukünftige Wohlbefinden des Menschen das eigentlich Erstrebenswerte bleibt.

Was nützt Wirtschaftswachstum, wenn wir im Unrat ersticken, was nützt eine Technik, die laut, stinkend und häßlich ist, was nützt ein moderner Zeitgeist, der uns nur unzufrieden macht?

Der Einzelmensch kann sich selbst befreien, wenn er sich frei vom Denkzwang macht. Er kann sich auch selbst ein besseres psychisches Wohlbefinden bescheren, wenn er erkennt, daß er das meiste dazu selbst tun kann.

Bis auf wenige sind wir in Deutschland und in Westeuropa heute frei von echter, drückender Armut und von Elend geworden. Jedem stehen viel Freiheit und Freizeit zur eigenen Entfaltung, zum Lebensgenuß und zu viel, sehr viel Reichtum offen. Jeder hat die Möglichkeit zum Genießen der Künste, der Musik, der Natur, der Liebe, eines Sports, der Urlaubsreisen, sogar in ferne Länder, und vieler Liebhabereien. Eingeschränkt und behindert werden diese Freiheiten in erster Linie durch eine eigene Unvernunft und den Mangel an Nachdenken über die eigenen Möglichkeiten. Das »System«, seinen Leistungszwang oder den Kapitalismus beschuldigt man nur deshalb als Hindernisse der

Freiheit, weil man das eigene Unvermögen nicht sieht oder nicht sehen will.

Die große Freiheit soll sowohl eine Freiheit zur Evolution als auch eine Freiheit zu einem größtmöglichen Wohlbefinden eines möglichst großen Teils der Menschheit sein. Jedermann sollte bemüht sein, diese Freiheit zu fordern und zu fördern, weil nur sie sinnvoll ist.

Zusammenfassung

Aufgabe dieser Studie war, ein Modell zu entwerfen, das zeigt:
— daß eine Leistungsgesellschaft ohne Neid und Klassenhaß möglich ist,
— daß es Alternativen zu den zwei Gesellschafts-Strukturen gibt, um die heute der große Streit und Klassenkampf ausgefochten wird,
— daß die heute gewünschte Freiheit und Entfaltung der Persönlichkeit möglich sind, ohne unser »System« vorher zu verändern oder zu zerstören,
— daß es sich lohnt, über andere Strukturen für die Zukunft nachzudenken, weil allein schon dieses Nachdenken die derzeitige zwar aggressive, doch auch sterile, zu keiner Änderung fähige Feindseligkeit abbauen kann.

Unser Denkmodell ging davon aus, daß eine bessere Zukunft und ein weiterer Aufstieg (Evolution) der Menschheit oder einer Gesellschaft nur möglich ist, wenn zwei in der ständigen Evolution bewährte Prinzipien beibehalten werden, das Leistungsprinzip und das Prinzip der weiteren biologischen, sozialen und geistigen Entwicklung durch Differenzierung und Auslese. Die Abschaffung der beiden Prinzipien durch eine allgemeine Gleichmacherei muß notwendig zum Abstieg in Elend und Unfreiheit führen.

Unser Denkmodell fordert:
Vermehrte Gruppenbildung, damit sich die Menschen in ihrer Ungleichheit besser differenzieren können und damit eine bessere Entfaltung einzelner Bedürfnisse und Fähigkeiten, eine Vergrößerung der Freiheit sowie eine bessere Kultivierung

freien Auslebens möglich werden. Drei Leistungsklassen, damit sich jeder selbst seinem Leistungswillen entsprechend einstufen kann.

Eine horizontale, nicht vertikale Gliederung der Gruppen und Klassen, damit keine Neid- oder Minderwertigkeitskomplexe sowie gegenseitige Herabsetzung und Beschämung entstehen.

Eine Umstellung in der Bewußtseinsbildung, die heute absichtlich auf Neid, Haß und Unzufriedenheit manipuliert wird.

Größtmögliche Toleranz, die nicht nur darin besteht, daß man die Verschiedenartigkeit anderer duldet und ihre Bedürfnisse verstehen lernt, sondern auch darin, daß man nicht anderen die eigenen Bedürfnisse aufzuzwingen versucht.

Daß man mit der Gleichmacherei aufhört, weil vor allem sie die Bedürfnisse und die gewünschte Entfaltung der Persönlichkeit frustriert. Jeder will seiner Eigenart entsprechend leben können.

Es ist uns bewußt, daß dieses Denkmodell nur eine Skizze ist und selbstverständlich nicht alles berücksichtigen konnte, was man noch zu sagen vermag. Es soll eine Anregung dazu sein, daß auch andere Denkmodelle entwerfen und zur Diskussion stellen, damit wir für die Zukunft mehr als nur die bisherigen Alternativen vorgesetzt erhalten.

Leistungsgesellschaft ohne Neid und Klassenhaß

Noch ist unsere Gesellschaft eine der besten

Was wir Westdeutsche, für die diese Studie vor allem und zuerst geschrieben ist, wollen und wünschen, sind die Werte: Freiheit, Wohlstand, Toleranz.

Das wünschen fast alle, wo sie auch stehen, bis auf wenige, die aus Haß, Neid und im Auftrag uns feindlich gesinnter Mächte Unfreiheit, sozialistische Versklavung, Verarmung und Intoleranz bis zum Terror wollen und vorbereiten. Viele rufen zwar: »Mehr Freiheit! Kampf gegen die Armut! Hilfe für die Unterdrückten!«, bereiten aber das Gegenteil vor. Die meisten sind »Mitläufer« der Zerstörer, und zwar aus Dummheit, so wie einst Millionen Hitlers Mitläufer waren, weil sie nicht rechtzeitig erkannten, wohin sein Weg führen mußte. Sie dachten natürlich, er führe sie in eine bessere Zukunft.

In diesem Teil II unserer Studie sollen kurz und konzentriert sieben Thesen für den weiteren Aufbau der beschriebenen Werte sowie sieben Anti-Thesen der Zerstörung dieser Werte dargestellt werden.

Heute werden absichtlich Neid, Haß und Feindseligkeit, Arbeitsunlust, Sabotage, Unordnung, Amoral von einer wohlbedachten »Bewußtseinsbildung« gezüchtet. Dieser einseitigen, manipulierenden, mit dem Schein des »Progressiven« und »Wissenschaftlichen« getarnten Bewußtseinsbildung wollen wir Thesen gegenüberstellen, die zeigen, was zur Verbesserung der genannten Werte notwendig ist und was zu ihrer Minderung und Vernichtung eingeleitet wurde.

Es wird dabei versucht, Vorstellungen abzubauen, die laufend zu Neidreaktionen, Haß, Arbeitsunlust, Unzufriedenheit und Pessimismus führen, sowie Vorstellungen aufzubauen, die eine bessere Zukunft, wieder mehr Leistungsfreude und mehr Optimismus möglich machen.

Unsere sieben Thesen wollen zugleich als Formeln der Vernunft angesehen werden, die sowohl ein optimales Verhalten ermöglichen als auch zu einem neuen psychischen Wohlstand führen können, der unser derzeitiges »großes Unbehagen« ablösen soll.

Wenn diese Thesen hier in extremer Kürze dargestellt werden, so geschieht dies nicht nur aus Platzmangel, sondern vor allem, weil der Kommentar und Beweis zu diesen Thesen Inhalt anderer Studien unseres Instituts ist.

Positive These 1: Die Gesellschaft Westdeutschlands ist eine der besten der Welt. Wer dieses bezweifelt, möge sagen, wo eine bessere existiert! Unsere Gesellschaft von heute ermöglicht Freiheit, Wohlstand und Toleranz (Meinungsfreiheit) wie kaum anderswo. Sie zu zerstören ist Unsinn.

Gestört wird unsere Gesellschaft, unsere Ordnung, unser Friede, unsere Wirtschaft, unser Wohlstand und unser psychisches Wohlbefinden durch Thesen der Zersetzung, den ständigen Aufruf zum Klassenhaß und zur Wirtschaftssabotage sowie durch eine manipulierte Unzufriedenheit.

Daß unsere Gesellschaft noch unvollkommen ist und weiter verbessert werden kann und soll, ist selbstverständlich. Reaktionäre und »progressive« Klassenkampfparolen bessern sie nicht. Unser aller Aufgabe ist die Arbeit an dieser Verbesserung. Wer klare Vorschläge dafür hat, ist aufgefordert, sie vorzubringen.

Unsere Studien und unsere Wissenschaft vom optimalen Verhalten wollen an dieser Verbesserung mitarbeiten. An die Stelle des Parteienstreites setzen wir »Vernunft contra Unvernunft«.

Zu These 1 gehört auch die Behauptung: Unsere derzeitige Gesellschaft in Westdeutschland ist nicht am Elend anderer Länder und Völker schuld. Die Tatsache, daß andere Völker (zumeist wegen ihrer maßlosen Vermehrung) im Elend leben, hungern oder ärmer als wir sind, hat mit uns, mit einer Ungerechtigkeit oder einer Schuld, die man uns aufbürden will, nicht das geringste zu tun. Wir können und sollen stolz auf unsere Leistungen und unseren Reichtum sein. Wir haben gezeigt, wie man ihn nach der völligen Zerstörung der Wirtschaft durch einen Weltkrieg mit Fleiß, Ordnung und Vernunft erringen kann.

Daß wir Entwicklungsländern helfen wollen und sollen, ist keine Sache der Wiedergutmachung oder Gerechtigkeit, sondern der Humanität. Wir helfen am besten, wenn wir ihnen die Informationen, technischen Erfindungen und Entwicklungen liefern, die wir selbst in Jahrhunderten mühsam, mit sehr viel Fleiß, Sparsamkeit und Entbehrungen erarbeitet haben. Mit der Erweckung von Neid, Unzufriedenheit und Ungerechtigkeitsbewußtsein helfen wir Entwicklungsländern nicht, sondern machen sie nur unglücklich und unzufrieden. Diese müssen begreifen, daß jeder Wohlstand durch Fleiß, Begabung, Vernunft und Sparsamkeit erarbeitet werden muß, vor allem, daß es an ihrer maßlosen Vermehrung liegt, wenn jede Hilfe nichts nützt.

Wenn sie glauben, wegen unseres größeren Reichtums Neid und Ungerechtigkeit fühlen zu müssen, so können wir entgegnen, daß auch wir Neid und Ungerechtigkeit fühlen könnten, weil den Entwicklungsländern heute geschenkt wird, was wir in vielen Jahrhunderten uns mühsam erarbeiten mußten, z. B. unsere Technik. Sie fiel nicht vom Himmel, sondern wurde von uns Europäern geschaffen, durch die Begabung, den mutigen Einsatz und viele Entbehrungen der Erfinder sowie durch den viele Generationen anhaltenden Fleiß europäischer Handarbeiter.

Derjenige, dem man zur demokratischen Freiheit verhelfen will, der sollte wenigstens so viel Vernunft entwickeln, daß er die wahren Ursachen seines Elends sehen kann und selbst etwas dagegen tut. In einem Faß ohne Boden versickert jede finanzielle Hilfe.

Daß wir uns am noch vorhandenen oder neuen Elend anderer Völker messen und nach ihm ausrichten (gleichmachen) sollen, ist Wahn, oder eben eine These der Zerstörung.

Auch wir waren vor etlichen Jahrzehnten noch arm. Den größeren Reichtum haben wir uns ehrlich verdient. Unseren Arbeitern geht es besser als je und besser als in sozialistischen Staaten. Warum sollen wir also unser besseres System aufgeben, um ein schlechteres zu wählen, was Freiheit, Wohlstand und Toleranz betrifft?!

Die Antithese zu unserer These 1 ist die These (Forderung für »Bewußtseinsbildung«) der Zerstörung 1. Sie heißt: Man verdränge aus dem Bewußtsein, daß unsere soziale Marktwirtschaft das beste derzeitige Wirtschafts-System ist und es uns auf der Welt am besten geht! Man mache die Menschen unzufrieden und lasse sie ihre Gesellschaft hassen! Eines Tages wird dieses gute System dann schon zerstört werden oder durch den Haß, die Leistungsminderung und zunehmende Sabotage dahinsiechen, um für den Todesstoß reif zu sein.

Man zeige immer wieder, wie böse, verlogen, ungerecht, ausbeutend, frustrierend, freiheitsbeschränkend und sonst noch hassenswert unsere Gesellschaft, der »Kapitalismus«, die »Weißen« in Afrika, die USA, das Deutschland der Vergangenheit und Gegenwart, die Unternehmer, die Leistungsmenschen sind! Man wird sie dann schon bekämpfen und alles tun, ihnen zu schaden. Man behaupte nur immer wieder, daß man unser System zuerst zerstören muß, bevor man eine bessere Zukunft aufbauen kann. Wenn man es immer wieder behauptet und die so Angegriffenen schweigen, dann wird man es zunehmend glauben. Viele glauben es schon.

Das Leistungsprinzip

Positive These 2: Nur das Leistungsprinzip ermöglicht einen wirtschaftlichen und kulturellen Aufstieg. Nur das Leistungsprinzip kann Wohlstand und Reichtum erhalten. Zum Leistungsprinzip gehört: Lohn, Einkommen, Eigentums-Vermehrung nach Leistung; Auslese und Aufstieg nach Leistung. Jeder Lohn ohne Leistung widerspricht dem Leistungsprinzip.

These und Forderung der Zerstörung 2 ist: Man beseitige das Leistungsprinzip! Ganz automatisch wird Leistungsminderung die Folge sein. Man beseitige die Auslese, Prüfungen, Noten, jede Hierarchie nach Leistung. Man diskriminiere Ehrgeiz, Erfolgsstreben, Gewinnstreben, Karriere, Pflichtgefühl, Vertragstreue! Man führe möglichst viel Lohn für Nichtleistungen statt Höchstlöhne bei Leistungen ein, etwa vollen Lohnausgleich bei Krankheit, Urlaubszulagen, ein 13. und 14. Monatsgehalt, gleichen Lohn beim Trödeln und Streiken, dazu immer höhere Steuern für vermehrte Leistungen, immer mehr Abgaben für Unproduktive und Unproduktives! Man verhindere durch Steuern und Inflation eine Eigentumsbildung durch Sparen! Man egalisiere Leistung und Nichtleistung durch immer mehr Bezahlung und Abgaben für Nichtleistung!

Das alles tut man heute bereits und fordert es immer mehr, sogar bei der FDP und der CDU. Man hält es für »progressiv« und man meint, damit Wähler zu gewinnen.

Allein der volle Lohnausgleich beim Krankfeiern vermindert die Leistung der Gesamtwirtschaft um viele Millionen Arbeitsstunden. Ich weiß das aus Statistiken und als Arzt.

Zu den Thesen der Beseitigung des Leistungsprinzips gehören auch Behauptungen wie: Das Leistungsprinzip sei inhuman, es erzeuge Repression und Frustration. Es sei ungerecht, die Güter der Welt nicht gleichmäßig zu verteilen.

Man tut dabei so – und viele fallen darauf herein –, als ob bei uns heute noch der alte Frühkapitalismus herrschte oder gar noch die Zeit, in der es noch Leibeigene oder Sklaven gab.

Bietet der Sozialismus etwa Freiheit vom Arbeitszwang? Man muß arbeiten, um zu leben, Leistungen anderer mit Gegenleistungen verdienen. Das ist nun einmal so. Wenn uns allen dabei Maschinen helfen und ein gutes System der Arbeitsteilung, wenn Erfinder, Unternehmer, Organisatoren und auch »Kapitalisten« als Kapitalgeber viele Voraussetzungen dafür schaffen, wird die Arbeit immer leichter.

Was die Arbeit vielfach noch unangenehm, und zwar unnötig unangenehm macht, das ist nicht unser als böse verschrienes kapitalistisches System, sondern das sind menschliche Schwächen, ein Mangel an Nachdenken, ein stures Festhalten an starren veralteten Verhaltensweisen, starre Gesetze und Vorschriften, Behinderungen privater Experimente, die Sucht, alles immer gleichzumachen und allen aufzudrängen, Bürokratismus und mangelhafte Kenntnisse über die Reaktion der menschlichen Psyche.

Schikanen dürften in Privatbetrieben heute seltener sein als in von Funktionären geleiteten volkseigenen Betrieben. Wenn es bei uns noch Arbeitsbedingungen gibt, die mehr Unlust hervorrufen, als für die Leistung notwendig ist, dann soll man dies sagen, und Vorschläge für Verbesserungen machen. Nur den »Kapitalismus« angreifen und nichts, aber auch gar nichts für eine wirkliche Verbesserung tun, das gehört zur Absicht der Zerstörung.

Auch die Schuld für die »Entfremdung« des Menschen durch die Arbeit schiebt man unserem System zu, statt sie da zu suchen, wo sie ist: In der mangelhaften und stümperhaften Anpassung der Arbeit an die elementaren Bedürfnisse und Emotionen unserer Psyche.

Die Elementar-Psychologie lehrt: Der Mensch ist für die Arbeit geboren, wie der Fisch zum Schwimmen und der Vogel zum Fliegen; er kann nur mit ihr, nicht ohne sie glücklich sein. Die Beweise dazu können in den elementar-psychologischen Büchern [10] nachgelesen werden.

Arbeitslose sind weniger glücklich, selbst wenn sie keine Not leiden müssen. Da auch der Lohn zur Arbeit gehört und jede Leistung einen Gewinn, einen Fortschritt, ein Plus im Leben bringt oder bringen sollte, ist die Arbeit bei richtiger Gestaltung und Einstellung zu ihr das Element, in dem sich der Mensch am besten entfalten kann. Der russische Chefideologe und Philosoph Tugarinow [11] hat dies sehr gut beschrieben. Sein Parteifreund Chruschtschow sagte es in einem Satz: »In der Arbeit liegt das ganze Glück der Erde.«

Jedes Abgehen vom Leistungsprinzip, das Lohn, Eigentumsvermehrung und sozialen Aufstieg nur nach der Leistung gewährt, vermindert die Leistung, den Wohlstand, die Gerechtigkeit, die Gesundheit einer Gesellschaft und auch die Freude an der Arbeit.

Ein Beispiel dafür: Eine mögliche, frei wählbare Teilarbeitszeit mit einem guten Lohnanreiz für Rentner ohne Streichung der Rente könnte Millionen Arbeitskräfte mobilisieren und Millionen alte Menschen glücklicher und gesünder machen, freigewählte Weiterarbeit der meisten Freiberuflichen bis ins höchste Lebensalter ist ein Beleg dafür.

Auch im Staat müßte das Leistungsprinzip verwirklicht werden. Er läßt es am meisten vermissen. Er gibt das schlechteste Beispiel für Leistungen, Rationalisierung, Verhinderung von Vergeudung, Rentabilität einer Arbeit in jeder Beziehung. Dabei könnte oder sollte er doch Vorbild sein.

Freiheit contra Wohlstand?

Positive These 3: Leistungsprinzip und große Freiheit widersprechen sich nicht. Beide sind in einem Staat realisierbar und sie ergänzen und fördern sich gegenseitig.

These der Zerstörung 3 suggeriert das Gegenteil: Das Leistungsprinzip verhindert die Freiheit. Leistungsmenschen und freiheitliebende Menschen müssen Feinde sein und sich hassen. Wer die Freiheit liebt, muß die Leistungsgesellschaft und ihr System vernichten.

Mit dieser These der Zerstörung versuchen die Systemüberwinder, wie im Teil I dieser Studie bereits dargestellt wurde, eine zweite Front zwischen den Bürgern westlicher Industriestaaten aufzurichten, einen zweiten Klassenkampf zu provozieren. Das ist ihnen bereits weitgehend gelungen. Nachdem der Arbeiter mit der sozialen Marktwirtschaft zufrieden und nicht bereit ist zur Revolution, versucht man nun, den jedem Menschen, vor allem der Jugend innewohnenden Wunsch nach viel Freiheit gegen unser System und unsere Ordnung zu mobilisieren.

Freiheit contra »Kapitalismus« und »Imperialismus«. Mit dieser Lüge hat der Sozialismus des Ostblocks eine neue Welle der Revolution auf verschiedene Weise und in viele Länder getragen, nachdem die sozialen und wirtschaftlichen Vorteile des Sozialismus nirgends sichtbar wurden und verlocken konnten.

Daß letzten Endes damit in vielen Kontinenten eine ganz andere Front errichtet wurde, nämlich ein Gegensatz zwischen Freiheit und Wohlstand, das wieder suchte man aus dem Bewußtsein zu verdrängen. Auch dafür gibt es viele Beispiele: in Südafrika, Rhodesien und in Mozambique, wo man die Erbauer des großen Staudammes, der dem zukünftigen Wohlstande dienen soll, im Namen der Freiheit mit östlicher Waffenhilfe wütend bekämpft.

Wo ist denn die Freiheit in den befreiten Staaten Afrikas? Wo ist sie im Osten? Und wo ist der Wohlstand, das freiheitliche Leben, wo eine wirkliche Toleranz, wo Friede, wo keine Aggression gegen andere Staaten? Ist das bessere System und das bessere Leben wirklich da, wo Guerillas und Waffen in andere Länder geschickt werden? Der elementare Freiheitsdrang soll den Wohlstand zerstören. Man bemüht sich, elementare psychische Kräfte gegeneinander auszuspielen und als psychologische Waffe einzusetzen.

In sozialistischen Staaten gilt selbstverständlich diese These der Zerstörung nicht. Hier will man weder das System noch die Wirtschaft zerstören. Dort ist die Arbeit höchster Wert. Dort gibt es noch Helden der Arbeit.

Frei ist, wer darf, was er will. Frei fühlt sich, wer will, was er soll. Wessen größtes Bedürfnis die Arbeit ist, fühlt sich durch seine Arbeit frei. Wer nicht arbeiten will, fühlt sich durch die Arbeit frustriert. Das sind einfache psychologische, ja elementar-psychologische Gesetze.

Man muß stets die ganze Arbeit betrachten, alles, was zu ihr gehört, auch den Lohn und das nur durch die Arbeit ermöglichte gute Leben, und dann sich entscheiden, ob man diese Arbeit wünscht oder nicht. Diese kleine, aber logische Korrektur kann im Bewußtsein schon einiges ändern.

Wir im »Westen« fordern bei weitem keine so rigorose Arbeitsdisziplin wie der Sozialismus in Rußland oder in China. Trotzdem läuft unsere Wirtschaft besser. Für die meisten Bürger bei uns ist die Arbeit mehr Mittel zum Zweck, d. h. eine notwendige Leistung, um damit andere Werte kaufen zu können. Wohl dem, der gleichzeitig in der Arbeit ein elementares Lebensbedürfnis befriedigt und dazu noch andere Werte wie zum Beispiel Reichtum (Vermögen) gewinnt. Er hat viel Freude und fühlt sich immer frei. Die enorme und elementare Kraft des Besitztriebes und die Unternehmerinitiative sind es, die unserer Wirtschaft bessere Chancen geben und einen sozialistischen Antrieb mit Strafandrohung unnötig machen.

Da jedoch trotz guten Arbeitswillens die Arbeit nicht jeder Psyche angepaßt ist und es aus vielen psychologischen Gründen unmöglich ist, daß ein Mensch immer nur Lust und Freude erlebt, sondern sich Freuden mit mancher Unlust und Anstrengung erst erwerben muß, schränkt die Arbeit zeitweise die Freiheit ein. Wenn man unter Freiheit versteht, jederzeit und an jedem Ort gerade das tun zu dürfen, wonach einem gerade gelüstet, wenn man also das Unvernünftige verlangt, wozu »Progressive« heute unsere Kinder schon in antiautoritären Kindergärten heranbilden wollen, dann allerdings fühlt man sich in seiner Freiheit frustriert.

Unsere Technik, unsere Industrie, unsere soziale Marktwirtschaft haben es ermöglicht, daß unsere Gesellschaft neben einer »Klasse« von Leistungsmenschen sich eine »Klasse« von Menschen, die nicht nach dem Leistungsprinzip leben wollen, leisten kann, eine Gruppe völlig freier Menschen, die nach einer anderen Façon als die Leistungsmenschen selig werden wollen. Nur die Technik macht das möglich. Denn heute kann man schon von etwa 10 Arbeitsstunden in der Woche oder von einer freigewählten Arbeit, die ohne Leistungsdruck erledigt werden kann, leben; das übrige leisten die von der Technik geschaffenen Maschinen.

Uns Deutsche zeichnete jahrhundertelang unser Leistungstrieb aus. Dazu kam die ebenfalls berühmt gewordene deutsche Zuverlässigkeit. Das wissen die Zerstörer und setzen ihre Waffen gerade gegen diese beiden Eigenschaften und Antriebskräfte an. Man ruft zur Leistungsunlust und zur Sabotage auf, zur Unzuverlässigkeit, zum Trödeln, zum Streiken, zum Kampf gegen die Arbeit auf.

Unsere Studie sollte zeigen, daß eine große Freiheit möglich ist, wenn sich jeder selbst frei in seine Wunschgruppe eingliedern kann.

Daß sowohl die zukünftige Arbeit als auch eine zukünftige frei wählbare Arbeitszeit nicht nur den Bedürfnissen des Arbeitenden sondern auch den Anforderungen der Arbeit selbst, der Wirtschaft und den einzelnen Unternehmen angepaßt werden muß, ist selbstverständlich.

Die Leistung muß effektiv bleiben, wenn sie guten Lohn und niedere Preise bringen soll. Jede Leistungsminderung vermindert mögliche Löhne oder erhöht die Preise. Auch das sollte jeder begreifen lernen. Man muß sich entscheiden, ob man mehr Bequemlichkeit bei der Arbeit oder mehr Lohn erzielen will. Das eine hebt das andere auf, wenn nicht die gesamte Produktionssteigerung beides mehr und mehr ermöglicht. Doch das ist eigentlich selbstverständlich.

Mehr Lohn kann es beim einzelnen nur durch Mehrarbeit geben, Vermögen nur durch Sparen. Gleichzeitig immer weniger arbeiten und immer mehr täglich ausgeben, dabei Vermögen erwerben, das ist einfach unmöglich. Man muß sich für das eine oder andere entscheiden oder müßte zur Vermögensbildung ein Zwangssparen einführen. Die »große Freiheit« verlangt, daß jeder selbst entscheiden soll. Nur gegen die Not muß es ein Zwangssparen geben. Das haben wir schon durch das Rentengesetz.

Wir wünschen Freiheit, Wohlstand und zunehmenden Reichtum für alle, die ihn mit Leistungen erwerben wollen. Welche Gesellschaft kann dies besser realisieren als unsere, wenn wir unsere Kondition dafür zunehmend verbessern?!

Das Wirtschaftswunderrezept

Positive These 4: Gewinne machen und die Gewinne möglichst voll in neue Produktionsmittel investieren – das bewirkt wirtschaftlichen Aufstieg. Unseren enormen Wirtschaftsaufstieg verdanken wir den Unternehmern, die ihre Gewinne in weitere Produktionsmittel investierten. Je mehr Gewinne investiert wurden, desto rascher wuchs unsere Wirtschaft. Jede Minderung in der Verwirklichung dieses Rezepts würde ein Absinken verursachen, weil ohne Neuinvestitionen sehr schnell alles veraltet und unrationell wird.

Dieses Rezept, unser Wirtschaftswunderrezept, brachte nicht nur den Aufbau unserer Industrie, einer der reichsten der Welt, sondern auch die Erhöhung der Löhne durch die Steigerung der Produktivität der von den Arbeitern bedienten Maschinen.

Dieses Rezept und System hatte einen Nachteil. Größeres Vermögen, das nur Besitz an Produktionsmitteln sein kann, wuchs vorwiegend in der Hand des Unternehmers. Die Reichen wurden noch reicher. Die Arbeitnehmer lebten zwar gut und immer besser, blieben jedoch zu wenig am Vermögen beteiligt.

Dieses System war ungerecht, weil der Arbeiter ebenfalls den Reichtum schuf. Es war jedoch nicht schlecht, weil es allen mehr Wohlstand brachte und weil ohne dieses System mit dem Anwachsen der Vermögen in den Händen verhältnismäßig weniger Reicher der gegenwärtige Wohlstand der Arbeiter nicht erreicht worden wäre.

Es war ein Vorteil für alle.

Von Ausnahmen abgesehen, verpraßten die Reichen ihr Geld nicht, sondern stellten es dem Aufbau der Wirtschaft zur Verfügung. Selbst wenn einmal ein Unternehmer (denken wir an eine Bauträgerfirma 1971) mit einem Wucherpreis an einer Eigentumswohnung zehn- bis zwanzigtausend Mark verdient hatte, dann zahlte er davon 70 % dem Staat und steckte den verbleibenden Gewinn in neue Maschinen. Was war dabei für die Allgemeinheit ein Nachteil, was schlechter, als wenn es ein volkseigener Betrieb getan hätte? Daß die Miete bei einem Überpreis 20 % höher wird, wenn der Eigentümer die Wohnung vermietet? Die Miete wurde nach Berechnungen von Bauunternehmern auch 20 % höher, weil die Bauarbeiter mehr als 20 % ihrer Zeit getrödelt hatten. Dabei hatte das Trödeln keine neuen Maschinen geschaffen. Wo ist also der Schaden, dessetwegen man hassen muß?

Das Wirtschaftswunderrezept braucht den Gewinn, der in neuen Produktionsmitteln gut und rationell angelegt und nicht vergeudet wird. Wem er gehört, ist für den Aufbau einer Wirtschaft völlig belanglos. Der Besitzer muß nur klug sein und wirtschaftlich denken. Das konnten sozialistische Besitzer bisher nicht. Ein Staat hätte es, wie man überall, sowohl in den sozialistischen Ländern wie auch in unseren staatseigenen Betrieben (Eisenbahn, Post, Omnibusunternehmen, Krankenhäuser), sieht, viel schlechter gemacht und dem Arbeiter weniger geboten. Er hätte das Wirtschaftswunder nie zuwege gebracht.

Der Gewinn in Unternehmerhand war der Anreiz für die große Unternehmerinitiative, ohne die keine Wirtschaft blüht, d. h. Anreiz, Kapital zu investieren, um damit neue Produktionsmittel, Arbeitsplätze, Rationalisierung, eine allgemeine Produktionssteigerung mit möglichen höheren Löhnen zu schaffen.

Heute sehen wir dieses Wunder in Brasilien. Es vollzieht sich nach dem gleichen Rezept. In sozialistischen Staaten wartet man vergeblich auf dieses Wunder und einen in gleichem Ausmaße zunehmenden Wohlstand. Wo das Rezept nicht mehr befolgt wird, geht sowohl das Wachstum zu Ende als auch die Steigerung der Reallöhne, da jede Lohnerhöhung von der Inflation gefressen wird.

Bei uns ist heute (1974) das Wirtschaftswunder am Ende angelangt, denn das Wirtschaftswunderrezept wurde von einer Antithese der Zerstörung ersetzt. Dem Feind und den Systemüberwindern ist dieser große Einbruch gelungen.

Die These der Zerstörung 4 heißt: Gewinne der Unternehmer sind durch überhöhte Löhne und hohe Steuern zu verhindern! Investitionen der Industrie müssen mit Steuerstrafen belegt werden!

Das letztere wurde 1973 praktiziert, angeblich um die Inflation zu bremsen; allerdings nach einem halben Jahr wieder aufgehoben, weil es offensichtlich zu unvernünftig war. Dabei weiß man genau, daß Inflation durch zu viel Konsumnachfrage und zu wenig Warenangebot entsteht. Lohnerhöhungen, die über die Produktionssteigerung hinausgehen, und hohe Steuern, die dem Staat mehr unproduktive Ausgaben ermöglichen, erhöhen die Nachfrage; Investitionen würden durch Produktionserhöhung und Rationalisierung das Warenangebot verbessern.

So zerstört man die Produktionsbasis und heizt die Inflation an, um auch den Sparer zu enteignen.

Gerechtigkeit ist sofort möglich

Positive These 5: Gerechtigkeit ist sofort möglich unter Beibehaltung weiteren Aufstiegs und Wohlstands, wenn der Arbeitnehmer gerecht am Gewinn beteiligt wird und diesen ebenfalls voll und dauerhaft in Produktionsmitteln investiert.

Daß diese Gerechtigkeit bisher nicht verwirklicht wurde, lag weder am System der sozialen Marktwirtschaft noch an den Unternehmern, sondern einfach daran, daß bis heute brauchbare Modelle fehlten. Unser Institut für Elementar-Psychologie und optimales Verhalten hat 1969, kurz vor den wilden Streiks, der ersten großen Lohnwelle und dem Beginn der Inflation 80 000 Unternehmern und leitenden Persönlichkeiten ein Schreiben gesandt und gebeten, sich unser Konzept der Gewinnbeteiligung anzusehen. Nichts geschah darauf. Die 80 000 Briefe waren vergeblich versandt worden. Erst heute beginnt man ernstlicher über die Gewinnbeteiligung zu diskutieren. Wäre seit 1969 ein Teil der laufenden Lohnerhöhungen in investierte Gewinnbeteiligungen verwandelt worden, wären heute die Reallöhne höher, wäre mit Vermögensbildung der Arbeitnehmer begonnen worden, wäre die Inflation heute lange nicht so stark. Das ist unsere Überzeugung.

Wer am Gewinn teilhaben will, wünscht mitzuhelfen, Gewinn zu schaffen. Unternehmergewinn erhöht die Unternehmerleistung und Unternehmerfreude. Mitgewinn der Arbeitnehmer erhöht deren Leistung und deren Leistungsfreude. Gewinn und investierte Gewinnbeteiligung der Arbeitnehmer erhöhen nicht nur die Leistung und Arbeitsfreude, sie vermindern auch die »Entfremdung« und einen Teil der Arbeitsunlust, der darin besteht, daß man nicht für den Gewinn anderer arbeiten will. Der Arbeitnehmer ist Mitunternehmer geworden. Die von ihm mitangeschafften Maschinen erhöhen die Produktivität, damit weiteren Gewinn und höhere Löhne. Arbeiter werden zunehmend Kapitalgeber und erhalten zum Lohn auch eine Rendite. Ihr Vermögen und Anteil am Reichtum wächst. Vermögen gibt zudem mehr Freiheit.

Das alles wollen die Systemüberwinder nicht. Sie wollen Gewinne und Gewinnbeteiligungen verhindern. Sie wollen nicht, daß auch Arbeiter Kapitalisten werden. Ihre These der Zerstörung 5 heißt daher: Gerechtigkeit bringt nur die System-Überwindung, die Enteignung der Unternehmer, der Sozialismus, der Staatsmonopolkapitalismus.

Während von einzelnen Unternehmern bereits mehrfach Vorschläge für eine Gewinnbeteiligung und Beteiligung an den Unternehmen der Arbeitnehmer gemacht und praktiziert wurden, kamen bislang von den Gewerkschaften keine brauchbaren Vorschläge dazu. Kein gewerkschaftseigener Betrieb führte bei sich ein Modell der Gewinnbeteiligung ein.

Auf der einen Seite Klassenkampfparolen, Thesen der Zersetzung, Starrsinn, auf der anderen, reaktionäres, egoistisches, egozentrisches und nicht auf eine weitere Zukunft gerichtetes Denken, dauernde Verteidigung statt eigener Angriff mit einer Alternative der Unternehmer und Arbeitgeberverbände verhinderten bisher eine vernünftige und gerechte Lösung.

Die Ermöglichung weiterer Gewinne und die Beteiligung des Arbeiters am Gewinn würde sowohl den Arbeiter vor Ausbeutung durch den Arbeitgeber schützen als auch den Unternehmer vor der Ausbeutung durch den Arbeitnehmer, der oft für seinen Lohn absichtlich zu wenig leistet. Ist ein brauchbares Modell für eine Gewinnbeteiligung durch Teilhaben an neuen Investitionen erarbeitet, kann das Wunschbild Gerechtigkeit sofort verwirklicht werden. Damit könnten die ständigen Aggressionen, die Wirtschaftssabotage, die psychische Vergiftung mit Unzufriedenheit und Haß ein Ende finden.

Wie überall ist es auch hier vernünftig, die wahre Ursache eines Mißstandes und Unbehagens zu finden und nicht die Schuld Objekten zuzuschieben, die nicht Ursache sind, nur um von der eigenen Unvernunft und Unfähigkeit abzulenken.

Die Gewinnbeteiligung, die unsere Regierung 1974 zum Gesetz machen will, ist geradezu lächerlich. Sie entzieht zwar der Wirtschaft, d. h. den Unternehmern, im Jahr 3,5 Milliarden, gibt jedem Beteiligten jedoch nur 200 DM im Jahr, das sind 2000 DM in zehn Jahren – wahrlich kein Vermögen! Das gleiche könnte jeder Arbeiter mit nur 2 Überstunden im Monat erreichen.

Suggestion Ausbeutung

Positive These 6: Die Suggestion der Ausbeutung der Arbeitnehmer durch die Arbeitgeber heute, ist eine Zwecklüge zur Zerstörung unserer Gesellschaft und Verminderung unserer Leistung. Die Beweise dazu werden in einer eigenen Studie dargestellt werden.

These der Zerstörung 6 ist die Suggestion, daß der Arbeitnehmer vom Arbeitgeber und Unternehmer im »kapitalistischen« System und heute in Westdeutschland und allen westlichen Industriestaaten ausgebeutet wird. Diese Suggestion hat, was ja ihr Zweck ist, die folgenden Wirkungen:

– Sie macht den Arbeitnehmer unzufrieden mit seiner Arbeit, mit seinem Betrieb, mit seinem politischen System und seiner »Gesellschaft«.
– Sie erzeugt Haß, Feindschaft, Opposition gegen die Arbeitgeber, Unternehmer und das Establishment.
– Sie vermindert die Gesamtleistung um 20 bis 30 Prozent durch Trödeln, Sabotage, Streiks. Diese Herabsetzung der Leistung und Produktion vermindert mögliche höhere Löhne

und auch stabile Preise, da jede Ware mehr Zeit und damit Kosten erfordert, was die Preise notwendig erhöht. Wie schon erwähnt, erhöht das Bautrödeln die Mieten um 20 Prozent.
— Sie vermindert die Gewinne, was weitere Investitionen, eine Rationalisierung, Modernisierung und Produktions-Steigerung verhindert. Sie führt zunehmend zu Verlusten, Konkursen, damit zu Arbeitslosigkeit und stiller Enteignung.
— Sie erzeugt bei der großen Masse der Arbeitnehmer durch Unzufriedenheit, Haß, Minderung der Arbeitsfreude eine erhebliche Herabsetzung des psychischen und damit allgemeinen Wohlbefindens.

Wer von Ausbeutung spricht, sollte fragen: Hatten die westlichen Arbeiter im Vergleich zu anderen auf der Welt, vor allen denen in »volkseigenen« Betrieben, Vorteile oder Nachteile durch die Tätigkeit und den »Kapitalismus« ihrer Unternehmer? Verprassen die meisten Unternehmer ein Einkommen, das sie durch Ausbeutung erzielen? Stecken sie nicht den ganzen Gewinn in den weiteren Aufbau und stellen ihn so der Allgemeinheit wieder zur Verfügung?

Wie hoch ist die Rendite der Aktionäre? Sie liegt heute bei zwei Prozent des eingesetzten Kapitals. Rechnet man den Kurswert der Aktien, die Kapitalsteuer, die Einkommensteuer, die Vermögenssteuer, so bleibt einem Aktionär eine Durchschnittsverzinsung seines Aktienkapitals von nicht ganz zwei Prozent, während jeder Sparer heute neun bis zehn Prozent Zins erzielen kann. Sind diese zwei Prozent Ausbeutung oder Wucher?

Ein Kapitalgeber sollte — damit er überhaupt Kapital gibt — etwa 10 Prozent Zinsen seines Kapitals (wenn er Kredit aufnehmen muß, zahlt er dafür schon 12 Prozent), dazu einen Ausgleich des Verlustrisikos von durchschnittlich 5 Prozent erhalten. Ist er dazu als Unternehmer aktiv tätig, so hat er noch Anspruch auf einen gerechten Leistungslohn für seine Unternehmerleistung, die sich im Erfolg seines Unternehmens manifestiert. Ist dies ungerecht? Nur so funktioniert die Wirtschaft.

Es ist die Absicht der Zerstörer, die Unternehmer mit ihrer leistungssteigernden Unternehmerinitiative zu liquidieren. Es kann dargestellt werden, daß volkseigene Betriebe für das »Volk« nicht das herausholen, was unsere Unternehmer an

Steuern (70 Prozent des Gewinnes) zahlen. Was unsere Unternehmer mehr erzielen, obwohl es ihren Arbeitern besser geht als den Arbeitern volkseigener Betriebe, ist die Leistung der Unternehmer, für die ihnen ein Leistungslohn zusteht, den sie jedoch stets für den weiteren Aufbau wieder investieren. Wo ist hier Ausbeutung?

»Ausbeutung« ist heute eine Wahnidee, die Millionen erfaßt hat und sie krank macht. Gewiß gibt es noch da und dort Ausbeutung, wie es da und dort Mörder gibt.

Wollen wir eine Leistungsgesellschaft ohne Neid und Klassenhaß, ein glückhafteres Zusammenwirken, muß das Märchen von der Ausbeutung als eine Lüge aufgedeckt werden.

Gleichzeitig rufen wir auf zu suchen und anzuprangern, wo und was wirklich noch da und dort als Ausbeutung oder gar unnötiges Schikanieren und Frustrieren von Arbeitnehmern angesehen werden muß. Nicht das verallgemeinernde Beschuldigen eines notwendigen Berufsstandes (Unternehmer, Arbeitgeber, Vorgesetzte, Meister) bringt eine bessere Zukunft, sondern nur das Suchen nach wirklichen Schuldigen an einer Misere.

Beispiel eines Kapitalisten

»Kapitalist« und »Millionär« sind heute Begriffe, die fast nur noch diskriminiert und angegriffen werden. Ich kenne von meiner ärztlichen Praxis her viele Millionäre und habe mit ihnen über ihre Probleme gesprochen. Ebenso kommen Arbeiter zur ärztlichen und psychologischen Beratung und auch mit ihnen spreche ich über ihre Probleme.

Von den vielen mir bekannten Millionären waren mehr als achtzig Prozent nach dem letzten Krieg arm. Sie waren Arbeiter, Werkmeister, Handwerker, Flüchtlinge aus dem Osten, Studenten, die sich damals noch ihr Studiengeld selbst in den Ferien oder in der Freizeit verdienen mußten. Sie waren fleißig, talentiert, besaßen Unternehmerinitiative. Heute sind sie Millionäre, ein Beispiel, ein Vorbild, »Helden der Arbeit«. Was sie ersparten, steckten sie in ihren Betrieb, so daß dieser größer und größer wurde und damit Arbeitsplätze und Waren für andere schuf. Sie zeigten, was mit Fleiß, Begabung, Initiative möglich ist.

Gewiß war auch ein Quantum Glück an ihrem Aufstieg beteiligt. Vom Unglück der trotz gleicher Versuche Gescheiterten spricht heute niemand. Die gleichen Chancen hatten viele.

Ich will einmal mich selbst, den Autor dieser Studie, als Beispiel eines Kapitalisten demonstrieren. Vorausschicken will ich, daß ich mich Kapitalisten gegenüber als einen fanatischen Leistungs-Sozialisten zu bezeichnen pflege, Sozialisten jedoch sage, ich sei ein Leistungs-Kapitalist, weil ich beides für das gleiche halte.

Mein Schicksal wiederholte sich merkwürdigerweise seit vielen Generationen. Jede Generation mußte von vorn beginnen. Mein Urgroßvater wurde von einer an sich vermögenden Familie verstoßen, weil er eine Schauspielerin liebte. Er ging ohne Geld ins Ausland, arbeitete als Kellner, wurde Direktor, gründete und besaß ein großes Hotel. Dieses brannte nach vielen Jahren des Erfolges ab und war nicht versichert. Er starb wieder arm.

Sein Sohn, mein Großvater, kam ohne Geld nach Deutschland zurück, machte erst mit eigener Hand einen Gegenstand, den viele liebten. Dann erfand er ein Herstellungsverfahren, produzierte mehr und mehr, war bald, im vorigen Jahrhundert noch, Multimillionär. Heute hat diese gleiche, unveränderte Ware Milliardenumsätze. Nachdem mein Großvater gestorben war, verkaufte meine Großmutter das ganze Werk. Die Millionen verschwanden durch die Inflation nach dem Ersten Weltkrieg. Sie besaß noch ein Haus, das im Zweiten Weltkrieg verbrannte.

Mein Vater begann auch aus dem Nichts. Er erfand Elektrogeräte und stellte sie her, in einer eigenen, von ihm aufgebauten Fabrik. Er starb bereits 1923. Die Fabrik und seine Firma gingen in den Krisenjahren nach 1932 in Konkurs. Immobilien mußten dazu verkauft werden.

Ich selbst fing wieder von vorne an, studierte Medizin, daneben Psychologie und Philosophie, heiratete früh als Student. Neben dem Studium schrieb ich für Zeitungen und meine ersten Bücher. Mit 29 Jahren hatte ich schon drei Söhne, war Psychiater, Beamter und Medizinalrat. Nach einigen Jahren als Truppenarzt an der Front kündigte ich das Beamtenverhältnis und begann wieder von vorn, gründete ein psychologisches Institut, das mit elf Diplompsychologen in drei Jahren 18 000 Eignungsprüfungen und Leistungsberatungen durchführte. Dieses erste Institut mußte aus finanziellen Gründen nach der Währungsreform schließen, weil kein Geld mehr verfügbar war, die Räume und Angestellten jedoch bezahlt werden mußten.

Ich fing zum dritten Mal an, schrieb meine ersten Bestseller, meldete neue Patente an, Werkzeuge für Geistesarbeiter. Dann fand ich die Regenerations-Therapie, verbesserte sie und entwickelte im Laufe der Jahre neue Heilmethoden und Heilmittel, die einige Schwächen und Krankheiten heilen konnten, die mit der üblichen Medizin nicht heilbar waren, wie zum Beispiel Asthma, Migräne, chronische Kopfschmerzen, chronische Müdigkeit, verschiedene Erkrankungen der Arterien und der Venen.

Dadurch kamen immer mehr Patienten. Mit dem Verdienst, von dem der Staat erst einmal seine sechzig Prozent wegnahm, konnte ich ein Sanatorium und eine Klinik aufbauen, natürlich auch mit dem Verdienst aus meinen Erfindungen und Büchern, deren Gesamtauflage heute fast eine Million erreicht hat. Es sind zwölf Bücher.

Zum Verprassen meiner Einnahmen hatte ich weder Lust noch Zeit. Jeder Pfennig kam dem Aufbau einer Klinik zugute, in der viele sonst unheilbare Krankheiten geheilt werden können. Auch zukünftige Verdienste müssen noch viele Jahre dieser eigenen Finanzierung dienen. Andere Krankenhäuser werden vom Steuerzahler finanziert. Dieser muß dazu noch ihr laufendes Defizit decken. Die von mir errichtete Klinik dagegen zahlt Steuern, obwohl darin ebenfalls alle Schichten der Bevölkerung Heilung finden.

Was ist nun an diesem »Kapitalismus« schlecht? Mein Beispiel ist kein besonderer Fall. Das gleiche tun fast alle Unternehmer. Warum greift man sie an? Ist es nur Neid? Ist es Dummheit, oder ist es die schon überall zersetzende Bewußtseinsbildung?

Hätte ich, statt ersparte Gewinne zu investieren, diese an meine Mitarbeiter ausgeschüttet, stünde heute kein Sanatorium

und keine Klinik da. Das Geld wäre verkonsumiert worden.
1969 schrieb ich nach der Gründung des Institutes für Elementar-Psychologie und optimales Verhalten, noch vor den wilden Streiks und dem Beginn der Inflation an die Unternehmer, um ihnen eine Gewinnbeteiligung (Investivlohn) anstelle einer Lohnerhöhung vorzuschlagen, um damit die Inflation zu verhindern.

Ähnliches versuchte ich auch in meinem Betrieb einzuführen. Es mißlang. Schon die ersten Gespräche zeigten, daß eine Beteiligung an einer Klinik ein Risiko darstellte, das keiner mittragen wollte.

Wir führten Diskussionen darüber, ob die Gewinnbeteiligung nach Leistung, Gehalt, Dienstjahren oder sonstwie berechnet werden sollte. Alle diese Gespräche, an denen sich auch zahlreiche Unternehmer beteiligten, zeigten, daß jede diskutierte Lösung mehr neue Gefühle einer Ungerechtigkeit hervorzurufen drohte als Zufriedenheit über die Gewinnbeteiligung. Es ist äußerst schwer, eine Lösung zu finden, die allen das Gefühl einer sozialen Gerechtigkeit gibt.

Die Inflation als Instrument der Sozialisierung

Sozialisierung ist Gleichmacherei. Sozialisierung ist Enteignung durch den Monopolkapitalismus des Staates. Sozialisierung ist Unfreiheit bis zur Sklaverei. Sozialisierung ist Armut.

Zur Sozialisierung führen viele Wege: die blutige Revolution, die Intervention von außen, die Zerstörung der Wirtschaft durch Streik, Sabotage, Opposition gegen die Arbeit und die Arbeitgeber, durch eine Lohneskalation bis zum Konkurs, durch Mitbestimmung bis zur Lähmung der Unternehmerinitiative, durch konfiskatorische Steuern, durch die Inflation.

Inflation vermindert die Vermögen der Sparer und die Zahl derer, die noch Eigentum besitzen und dieses verteidigen wollen. Inflation führt zu vermehrtem Konsum, weil Sparen sinnlos wird. Inflation mindert die Arbeitslust, weil das durch Mehrarbeit Ersparte an Schwindsucht leidet und weil die jährliche Entwertung und die Steuern jede Verzinsung auffressen. Mehrarbeit lohnt sich nicht mehr.

Inflation kommt durch Schicksal, Dummheit oder Absicht. Schicksal ist die Inflation, die von außen, d. h. von der Unvernunft anderer Staaten kommt. Dummheit und Absicht sind nicht klar voneinander zu unterscheiden, weil sich die Absicht, unsere Wirtschaft zu zerstören, nicht immer nur hinter »progressiven« und »sozialen« Thesen tarnt, sondern auch hinter einer scheinbaren Machtlosigkeit.

Inflation kommt von einer Lohnerhöhung, die über der Produktionserhöhung liegt. Man weiß das genau. Der damalige Bundeskanzler Brandt sagte im Februar 1974, daß eine Lohnerhöhung von zehn Prozent eine zehnprozentige Inflation bedeute. Der Geschäftsführer des Volkswagenwerkes meinte, der VW werde bei einer zehnprozentigen Lohnsteigerung um eintausend Mark teurer werden. Alle ließen trotzdem eine über zehnprozentige Lohnsteigerung zu, die dem Arbeiter ein einziges Prozent Kaufkraftgewinn brachten, allen Sparern jedoch zehn Prozent ihrer Ersparnisse stahl.

Wird die Inflation von den Gewerkschaften als Instrument der kalten Sozialisierung benützt? Oder ist es nur so, daß sie nur auf Lohnerhöhung aus sind, um ihre Existenzberechtigung zu beweisen? Warum vertreten sie nicht die wahren Interessen der Arbeitnehmer, die an einer Inflation nicht interessiert sind?

Inflation kann durch mehr Investitionen für eine rationellere Produktion und durch mehr Anreize zum Sparen verhindert oder vermindert werden. Genau das jedoch verhindert unsere derzeitige Regierung. Sie verbreitet und verwirklicht die Thesen der Zerstörung.

Hohe Löhne, Leistungsausfall durch Trödeln, dadurch hohe Baukosten, dazu enorm hohe Zinsen machen hohe Mieten. Dabei behindern sie den privaten Bau von Wohnungen. So wird neben Sparen auch die Eigentumsbildung mit Wohnungen immer weiter gedrosselt. Nur der Staat wird noch bauen können, da er alle Defizite vom Steuerzahler decken lassen kann.

Unser Staat bestraft durch zu hohe Steuern und Inflation den Fleiß der Arbeiter, die Initiative der Unternehmer und das Kapital-Angebot der Sparer. Gleichzeitig vergeudet er Steuergelder und tut nichts gegen die internationalen Währungs-Spekulanten, deren Gewinn in Milliardenhöhe der deutsche Steuerzahler decken mußte. Auch wenn in anderen Staaten Defizite durch Streiks, Sabotage und andere Unvernunft entstehen, wird der deutsche Steuerzahler zur Kasse gebeten. Gegen solche Auswüchse des Kapitalismus und Folgen eines unnötigen Klassenkampfes wird nichts unternommen.

Wären diese vergeudeten Milliardenbeträge zur steuerlichen Belohnung von Fleiß und Sparen eingesetzt, dazu eine gute Methode der Gewinnbeteiligung gefunden worden, sähe heute alles anders aus, hätten Millionen Arbeitnehmer Vermögen gebildet und nicht verloren. Das allerdings liegt nicht im Sinne der Systemveränderer und Sozialisten. Sie wollen, daß der Staat alles und der einzelne Bürger nichts besitzt, damit er ewig ein Sklave des Staates bleibt.

Die lähmende Mitbestimmung

»Mitbestimmung« ist ein wunderbares Wort. Es klingt sozial, demokratisch, progressiv. Zu was es führen kann, sehen wir auf unseren Universitäten: Terror, Diktatur des Proletariats, Lähmung des Lern-Betriebs, Ende der Freiheit der Lehre. Demokratisierung wird zum Gegenteil der Demokratie.

Das gleiche droht den Betrieben, wenn die Mitbestimmung so durchgeführt wird, wie es 1974 geplant ist, geplant von allen drei Parteien. Alle drei Parteien werfen ihren Wählern die Mitbestimmung als Lockvogel hin. Was daraus für die Zukunft wird, das interessiert sie nicht.

Es gäbe eine sinnvolle, vernünftige Mitbestimmung. Von dieser jedoch spricht man nicht. Worüber man sich noch streitet, sind nur Zahlen von zwei bis sechs.

Für die Schule hat man eine andere Art der Mitbestimmung erfunden, den Diskutierunterricht. Statt ein Lehrfach Diskussion einzuführen, was sicher eine gute Sache gewesen wäre, läßt man die Schüler in allen Fächern mitsprechen. Die Unvernunft dieser »Methode« liegt bereits im enormen Zeitverlust. Ist es nicht völlig belanglos, was der eine oder andere über dies oder jenes denkt? Der Schüler sollte lernen, was der Lehrer optimal in konzentrierter und einprägsamer Form lehren kann. Das meist dumme Geschwätz beim Diskutieren bringt dem Schüler nichts. Es ist allerdings für Lernende und Lehrende bequemer. Ebensowenig hat das Diskutieren der Studenten einen Zweck. Für politische Diskussionen sollten sie ein eigenes Seminar belegen und nicht jede Vorlesung damit behindern. Hört man auf Band aufgenommene Diskussionen ab, glaubt man oft, vor allem als geschulter Psychiater, eine Aufnahme aus einem Irrenhaus zu hören. Wozu soll das führen?

Wird die Mitbestimmung nun auch in die Betriebe getragen, so werden auch diese gelähmt. Vor allem wird die freie Marktwirtschaft außer Kraft gesetzt. Wie auf den Universitäten muß die Diktatur des Proletariats, d. h. einer unwissenden, nur von Emotionen oder Parolen diktierten Masse, die notwendige Folge sein.

Zwischen Unternehmern und Gewerkschaften, die für die Arbeitnehmer sprechen, bestand durch die Tarifautonomie noch ein gewisses Gleichgewicht. Wird der Einfluß der Unternehmer durch die Mitbestimmung halbiert und wird diese Hälfte durch eine an sich begrüßenswerte Beteiligung der Arbeitnehmer am Produktionsvermögen mit der Zeit nochmals halbiert, so ist das Gleichgewicht zugunsten der Gewerkschaften erheblich verändert und die Funktion der Unternehmerinitiative blockiert. Aus der sozialen Marktwirtschaft ist eine sozialistische Mißwirtschaft geworden. Aus rentablen Betrieben, die Gewinne erzielen, die sie zum weiteren Aufbau und für Verbesserungen investieren können, und die Steuern zahlen, sind bald Pleitebetriebe geworden, die, wie viele Staatsbetriebe, ein Defizit vom Steuerzahler decken lassen müssen. Das wird die Folge sein. Mitbestimmung bei den Geschäften der Betriebe hat nichts mit Demokratie zu tun. Sie ist nur eine Demokratisierung im sozialistischen Sinne. Sie bedeutet Enteignung.

Eine ganz andere Mitbestimmung und Mitsprache wäre sinnvoll und vernünftig. Sie sollte gefordert und gefördert werden. Einige Unternehmer haben für diese Mitsprache schon gute Modelle entwickelt und auch praktiziert. In gewerkschaftseigenen Betrieben oder Staatsbetrieben hört man kaum etwas von einer solchen Mitbestimmung.

Es handelt sich um Mitsprache dort, wo es um die wirklichen

Belange der Arbeitnehmer geht, um den Urlaub, die Freizeit, die Einteilung der Erholungspausen, die Bequemlichkeit und Schönheit des Arbeitsplatzes, Lärmbelästigung, Anfahrtswege zum Betrieb, Aufstiegsmöglichkeiten, menschliche Zusammenarbeit, Möglichkeiten erhöhter Leistungslöhne, Überstunden, Möglichkeiten einer finanziellen Beteiligung am Betrieb, Vorschläge für Verbesserungen des Betriebsklimas, zwischenmenschliche Beziehungen usw. usw.

Unsere positive These 7 heißt: Mehr Mitsprache und mehr Interesse der Arbeitnehmer bei der Arbeitsgestaltung. Keine Mitsprache bei geschäftlichen Entscheidungen.

Die negative These der Zerstörung 7 sagt: Mitbestimmung bei allen Geschäften.

Nachwort

Die sieben Thesen des Aufbaues und der Zerstörung sollten zeigen,
- daß Klassenkampf nicht nötig ist,
- daß viele Vorstellungen, die heute unnötig Neid, Haß und ein Gefühl der Ungerechtigkeit erzeugen, falsch sind und korrigiert werden müssen, damit wieder eine positive Zusammenarbeit möglich wird,
- daß man doch ein wenig mehr darüber nachdenken sollte, ob geforderte Reformen auch wirklich ein Vorteil sind,
- wer auf der Seite des Aufbaus und Wohlstands und wer auf der Seite der Zerstörung steht.

Wir rufen alle Fachleute auf, unsere Thesen zu untermauern oder ihnen zu widersprechen, damit die Wahrheit gefunden werden kann. Uns geht es um das Auffinden eines optimalen Verhaltens, um das Aufzeigen all dessen, was für die Zukunft ein Vorteil oder Nachteil, zweckmäßig oder unzweckmäßig, vernünftig oder unvernünftig sein kann. Wir wollen in unseren Studien nur Denkmodelle bieten. Eine Ausarbeitung dieser Modelle bleibt den Experten überlassen. Unsere Hauptaufgabe sahen wir darin, Aggressionen abzubauen. Das ist nur über eine neue Bewußtseinsbildung möglich; denn was man bisher Bewußtseinsbildung nannte, hat die Aggressionen verstärkt und nicht vermindert. Eine weitere Aufgabe ist, der manipulierten Unzufriedenheit entgegenzuwirken; denn alle Menschen wollen glücklich und zufrieden sein. Auch Zufriedenheit und Unzufriedenheit wird von den Vorstellungen in unserem Bewußtsein gebildet. Diese gilt es positiv und nicht negativ zu gestalten.

Leistung ist nützlich, Neid und Klassenhaß sind schädlich. Neid und Haß waren immer schon die Kräfte des Bösen. Also muß man versuchen, Leistung zu fördern, Neid und Haß abzubauen und ein Modell für eine »Leistungsgesellschaft ohne Neid und Klassenhaß« zu entwerfen. Dies haben wir in dieser Studie versucht. Wir rufen jedermann auf, weitere Modelle für eine bessere Gesellschaft vorzuschlagen.

Im »nachindustriellen« Zeitalter sind »Menschlichkeit«, Lebensqualität und psychisches Wohlbefinden unsere neuen Ziele und Ideale. In diesen Werten liegt der Reichtum unserer Zukunft. Jeder sollte versuchen, diesen Reichtum zu erwerben und zu fördern.

Literaturverzeichnis

1 Jacques Monod, Zufall und Notwendigkeit, München 1971
2 Egon Schleinitz, Weltrevolution der Vernunft, Stuttgart 1974
3 W. P. Tugarinow: Über die Werte des Lebens und der Kultur, Berlin 1962
4 Fritz Wiedemann: Der Irrtum der antiautoritären Revolte, Stuttgart 1973
5 Helmut Schoeck: Der Neid, Freiburg 1966
6 Karl Steinbuch: Kurskorrektur, Stuttgart 1973
7 Wilfried Daim: Die kastenlose Gesellschaft, München 1960
8 ebd.
9 W. P. Tugarinow, a.a.O.
10 Fritz Wiedemann, Die elementaren Gefühle und Bedürfnisse des Menschen, Stuttgart 1974
11 W. P. Turgarinow, a.a.O.

Unter den Leitsätzen: »Arzt heilt Krankheiten der Gesellschaft« und »Revolution der Vernunft gegen die Unvernunft« erschienen noch folgende Studien des Instituts für Elementar-Psychologie und optimales Verhalten im Seewald Verlag:

Der Irrtum der antiautoritären Revolte

Dieses Buch zeigt allgemeinverständlich und wissenschaftlich fundiert den Unsinn und Nachteil der antiautoritären Erziehung. Dazu liefert es beweisende Argumente zur Diskussion gegen die Thesen der Zersetzung unserer Kultur, Gesellschaft, Ordnung und Leistung. Bereits in 4. Auflage!

Die elementaren Gefühle und Bedürfnisse des Menschen

Dieser kurze Grundriß der neuen Wissenschaft »Elementar-Psychologie« (EPS) gibt eine eindeutige Antwort auf die Fragen, wie, worauf und wozu, d. h. für welchen biologisch-sozialen Zweck der Mensch mit seinen Emotionen reagiert.

Weltrevolution der Vernunft

Argumente zum Kampf gegen die Dummheit und Unvernunft. Jeder ist aufgefordert, mitzudenken und mitzuwirken.

Warum heiraten?

In dieser Studie geht es um die Ehe heute: Ist sie eine Zweckgemeinschaft oder eine Lebensbindung? Ein Ratgeber- und Lebenshilfebuch mit Beispielen auch aus der Verhaltensforschung!

Die kranke Schule

Eine Diagnose der kranken Schule von heute und eine hilfreiche Therapie! Die junge Autorin, Lehrerin an einem Gymnasium in Hessen, führt eine meisterhafte Feder und sagt aus Erfahrung, was in unseren Schulen von Grund auf geändert werden muß. Dafür werden ihr Kolleginnen und Kollegen, aber auch viele Schüler und Eltern dankbar sein.

Seewald Verlag Stuttgart

Weitere Bücher
von Dr. med. Fritz Wiedemann

Länger und gesünder leben

Die Heilmethode mit Serum, Zellen und H 3.
Gesunde Ernährung, Schlankheitskuren, Heilung bei Kopfschmerzen, Migräne, Asthma, chron. Müdigkeit, Unlust, welker Haut, Leistungsabfall, Altersbeschwerden. Biologische Behandlung, die Therapie der Zukunft.

Geistig mehr leisten

Wege zu erfolgreicher Denkarbeit. Ein Ratgeber für Manager und geistige Berufe. 11. ergänzte Auflage

Eine Antwort an die revoltierende Jugend

Inhalt: die neun Ursachen unseres Unbehagens. Reichtum für alle. Die Gesellschaft von morgen. Das Ende des Sozialismus, der unserer Natur nicht angepaßt ist.

Wie Kinder besser lernen

Ein Ratgeber für Eltern und Erzieher. 5. Auflage

Die Gefühle

Eine umfassende, allgemeinverständliche Darstellung der Gefühle. 36 wunderbare Lustgefühle machen das Glück, 36 Unlustgefühle das Leid der Menschen. Man muß sie kennen, um das Leben begreifen, alle Freuden des Lebens bewußt genießen und seine Mitmenschen optimal psychologisch beeinflussen zu können.

Alle hier angekündigten Studien und Bücher liefert:

Institut für Elementar-Psychologie und optimales Verhalten

Abteilung »Positive Bücher«
8194 Ambach am Starnberger See

*Zwei Schwerpunkt-Titel
für Eltern, Lehrer und Erzieher*

Wolfgang Brezinka
Die Pädagogik der Neuen Linken

Der bekannte Professor der Pädagogik an der Universität Konstanz hat die Pädagogik der »Neuen Linken« einer kritischen Analyse unterzogen, und zwar so eindringlich, daß die Zeitschrift »die realschule« schrieb: »Brezinka leistet mit dieser kleinen Schrift den entscheidenden Beitrag zur Entnebelung der pädagogischen Fronten«, und die »Neue Zürcher Zeitung« den Brezinka-Beitrag »als zuverlässiges Handbuch« bezeichnete, »über das jeder Lehrer, aber auch alle Erziehungstheoretiker und Praktiker verfügen sollten«.

Hanna-Renate Laurien
Sozialistische Erziehungsziele
– Ende der persönlichen Freiheit –

Die Staatssekretärin im Kultusministerium des Landes Rheinland-Pfalz, eine der imponierendsten Frauen in der deutschen Politik, setzt sich in diesem »Walberberger Gespräch« mit der »Koalition der Ideologen und Faulen« (Heinz Dietrich Ortlieb) auseinander. Auf den sozialistischen Bildungsminister Friedeburg gezielt, sagt sie: »In der Optik unserer Tage erscheint sozialistische Bildungspolitik nicht selten als ein Vehikel der Gesellschaftskritik, getragen von einer Gruppe von Intellektuellen, deren gebrochenes Lebensgefühl offensichtlich Wertnorm der Gesellschaft werden soll.«

Seewald Verlag Stuttgart